POCHES ODILE JACOB

LES 7 PÉCHÉS FAMILIAUX

DU MÊME AUTEUR
CHEZ ODILE JACOB

Parler à ses enfants, 2005.

ANTOINE ALAMÉDA

LES 7 PÉCHÉS FAMILIAUX

Odile Jacob
poches

Ouvrage proposé par Boris Cyrulnik

15, rue Soufflot, 75005 Paris

www.odilejacob.fr

ISBN : 978-2-7381-2514-9
ISSN : 1621-0654

AVANT-PROPOS

Durant mes études de médecine, j'ai appris qu'il fallait qu'une maladie ait une origine et que la mission de chaque médecin était de soulager, sinon de guérir, le patient qui en était atteint. Si on admet désormais que ce modèle causal, qui, par ailleurs, a permis de faire un grand pas en avant dans la connaissance et le traitement des maladies organiques, est la plupart du temps inopérant face à la douleur psychique, la tentation reste grande, aujourd'hui encore, de sortir du chapeau magique de l'étiologie une cause unique et prétendument scientifique. Ainsi la mère, responsable toute désignée des troubles psychologiques de l'enfant, a-t-elle été tenue pour la sorcière des temps modernes, et le grand inquisiteur Psy, en mal de légitimité scientifique, en a conduit plus d'une sur le bûcher de la culpabilité. Les pères, aussi, ont payé leur tribut : porteurs de la loi au cœur de la sacro-sainte triangulation œdipienne, ils ne pouvaient qu'être responsables des vices de forme psychologique de leur enfant. Enfin, dernières arrivées au tribunal, les familles : avec le courant systémicien nord-américain des années 1960, elles ont pris une place de choix sur la scène de la psychopathologie. Mais les temps changent, et de ce dernier mouvement, en particulier, sont issus des spécialistes qui, dans leur pratique, ont préféré traduire *family therapy* non par « thérapie familiale » – ce qui sous-entend que la famille est malade et qu'il faut la traiter –, mais par « thérapie avec la famille » – ce qui imprime une tout autre dynamique relationnelle.

Aujourd'hui, je travaille au sein d'une équipe pluridisciplinaire dans un service de psychiatrie de l'enfant et de l'adolescent au Centre hospitalier intercommunal de Toulon/La Seyne-sur-Mer. S'il m'arrive, de temps à autre, de lire un livre de recettes thérapeutiques, ce sont surtout les familles qui m'apprennent tous les jours qu'elles peuvent être les meilleurs thérapeutes qui soient, à condition de les aider à réveiller des ressources paralysées par leur histoire ou leur culture. Ce sont ces familles qui m'apprennent tous les jours, depuis bientôt vingt ans, que l'aide à autrui ne passe ni par son infantilisation ni par sa culpabilisation, mais par la mise en place de techniques propres à mobiliser sa responsabilité et sa créativité. Ce sont ces familles, enfin, qui m'ont imposé une révolution copernicienne, en m'amenant à mettre au centre de ma pratique, non plus le pouvoir mégalomaniaque de guérir, mais le devoir d'aider à se prendre en charge soi-même. Vaste programme, à rebours d'une société qui, au nom du bien-être, a multiplié les assistances, au risque de fabriquer des incapables majeurs, et a modifié les frontières de la normalité en donnant l'illusion d'un bonheur idéal et d'un épanouissement sans souffrances [1]. En ce qui me concerne, donc, quand je rencontre une famille, mon rôle n'est pas de comprendre pour soigner, mais de participer à l'élaboration d'autres réalités qui vont permettre à ladite famille d'élargir le champ de son devenir. Aborder cette complexité amène nécessairement à confronter de multiples disciplines : systémique, psychanalyse, éthologie, anthropologie, histoire ou ethnologie. L'ouverture d'esprit que je m'impose vise à donner aux familles rencontrées une lecture différente de leurs difficultés, pour qu'elles puissent mettre en place des stratégies de changement propres à les sortir des dangers hypnotiques d'une causalité unique.

Je me souviens ainsi d'une mère qui, un jour de consultation, m'expliqua : « Vous savez, Monsieur, aucun spécialiste n'a su m'expliquer pourquoi mon fils est handicapé. Ce que je n'ai jamais dit, parce que j'avais honte, c'est que lorsque j'étais enceinte, j'ai croisé le regard d'un homme et j'ai été troublée. Je n'ai rien fait, vous pensez bien, je ne le connaissais même pas. Mais j'ai eu envie de cet homme, et j'ai été punie de cette envie par la malformation de mon enfant. Cette idée est folle, j'en suis consciente, mais elle s'est imposée à moi, comme un péché. Le handicap de mon fils est ma punition. À vous, je peux bien le dire, puisque vous n'êtes pas un vrai docteur, mais un psychiatre. »

À sa manière, cette femme qui se raccroche à la faute pour expliquer le handicap de son enfant témoigne de l'impossibilité où se trouvent les sociétés occidentales de se résoudre au sentiment d'impuissance qui accompagne les blessures du destin. Dans les siècles de grande religiosité, l'incompréhensible du hasard pouvait être traduit en termes de message divin. Les découvertes prodigieuses de la science et de la technique ont peu à peu détrôné la religion pour donner à l'homme occidental l'illusion d'une toute-puissance divine. Il n'en reste pas moins que face à l'intolérable de l'inexplicable, en cas de faillite scientifique, *Homo Occidentalis* fait toujours appel, en dernier recours, aux fonds de tiroirs de la religion et convoque, pour conjurer son angoisse, les notions de faute et de péché [2].

Chacun de nous a été ou sera, un jour, frappé par une de ces misères qui s'abattent régulièrement sur les familles. Je les ai regroupées sous 7 chapitres, car c'est le plus souvent l'un de ces 7 problèmes qui est à l'origine d'une demande de consultation. Leur titre de péchés familiaux ne doit pas laisser penser que je me place dans une perspective moralisatrice ou religieuse. S'il s'est imposé à moi, c'est qu'en cherchant dans le brouhaha des situations cliniques un semblant d'ordre, il m'a semblé qu'il existait deux catégories de familles : celles qui transpiraient la culpabilité de se sentir à l'origine du problème affectant l'un de leurs membres et celles qui, face à ce même problème, n'avaient qu'un vague sentiment de honte au nom du conformisme social. C'est, d'une certaine façon, ce que les anthropologues ont décrit en distinguant les civilisations marquées par une culpabilité imprégnant le for intérieur des individus – *guilt culture* – et celles dans lesquelles la transgression n'entraîne pas d'autre état psychique qu'un certain sentiment de honte devant autrui – *shame culture* [3].

Or ce sentiment de culpabilité dans le discours et le comportement du groupe familial joue un rôle essentiel, car c'est lui qui va susciter le désir de la rédemption, c'est-à-dire de changement. L'engagement de la responsabilité-culpabilité des demandeurs est *a priori* de meilleur pronostic que son non-engagement. Je dis *a priori*, car si une demande culpabilisée peut n'être qu'une patine conformiste, la non-culpabilisation affichée peut au contraire représenter le dernier mécanisme de défense d'une famille malade d'angoisse et de culpabilité. En fin de compte, si le titre des sept péchés familiaux s'est imposé à moi, c'est parce que, face à la solitude et au désarroi de chacun, il me semble que les notions de faute, de responsabilité et de culpabilité n'ont jamais autant fait partie de la rétine culturelle de l'Occident : « Nous, les hommes du XXe siècle finissant, avons toutes les raisons d'être modestes lorsque nous sommes tentés de " culpabiliser " les culpabilisateurs ecclésiastiques d'autrefois. Notre époque parle constamment de " déculpabilisation " sans s'apercevoir que dans l'histoire la culpabilisation de l'autre n'a jamais été aussi forte qu'aujourd'hui [2]. » Émanant d'un praticien de terrain, ce livre ne peut être que la mise en ordre de ce que les familles m'ont enseigné au fil des années. Il peut être considéré comme une histoire naturelle des difficultés existentielles que chacun est susceptible de rencontrer au cours de son histoire familiale, et qui seraient racontées de multiples manières – un peu comme si le petit chaperon rouge, le grand méchant loup et la mère-grand pouvaient raconter chacun leur version des faits. D'abord séduit par la pensée systémique, il m'a bien fallu modifier mon approche thérapeutique au fil des consultations. Au bout du compte, je suis devenu ce médecin psychiatre qui, ayant rencontré différentes approches de la souffrance psychologique, n'en a retenu aucune mais les utilise toutes. Un médecin psychiatre qui aurait fait sien ce que Yves Pelicier disait dès 1973 : « On reste confondu du retard pris à l'égard de la science de la matière et de la vie. Tous, psychologues, sociologues, psychiatres, ethnologues sont également responsables. Le remède à ces insuffisances ne peut être que dans un décloisonnement des sciences de l'homme, une interdisciplinarité sincèrement acceptée, et surtout la destruction des citadelles hautaines où l'on s'enferme autant pour fourbir ses arguments que pour éviter les confrontations [4]. »

La pluridisciplinarité que j'évoquais plus haut en parlant du service où je travaille n'est pas une vue de l'esprit. Les professionnels qui y travaillent viennent de disciplines et de formations différentes, et la souffrance du jeune enfant ou de l'adolescent qui y entre ne passe pas sous les fourches caudines d'un modèle thérapeutique unique. Aujourd'hui, ma maison professionnelle compte différents styles : il y a du roman, du gothique, du classique, du baroque, du moderne ; les patients y sont reçus dans des pièces qui répondent à leur sensibilité, à leur attente, et à leur aptitude au changement. C'est la visite de cette maison que je voudrais faire avec vous tout au long de ce livre.

– 1 –

ÉCHECS SCOLAIRES

Que faire quand une famille vous dit à propos de l'un de ses enfants : « C'est une catastrophe. On ne sait pas ce qu'il va devenir plus tard : il ne fiche rien à l'école » ? Que faire quand cet enfant, visiblement venu consulter contre son gré, semble *a priori* en bonne santé, intelligent et heureux de vivre ? Que faire encore lorsque les commissions d'orientation concluent qu'il n'a sa place nulle part ? Qu'étant trop intelligent pour être scolarisé avec des enfants déficitaires, et trop inculte pour être placé avec des enfants de son âge, il risquerait non seulement de souffrir mais d'empêcher les uns et les autres de travailler ?

Chaque semaine, je vois au moins une de ces situations pour laquelle je pourrais conclure : « Madame, Monsieur, votre enfant est heureux de vivre, dans son sommeil, son manger, dans ses jeux avec ses camarades, ses frères et sœurs, son chien. Il est heureux lorsqu'il bricole avec vous, Monsieur, ou lorsqu'il fait une tarte aux pommes avec vous, Madame. Alors, de grâce, fichez-lui la paix ! » Mais chaque fois je me dis : « Que va devenir cet enfant dans un monde où l'échec scolaire conduit aux léproseries de l'éducatif et la réussite aux portes de l'ANPE ? » Dans le marché actuel de l'emploi, l'école est devenue une loterie où ceux qui réussissent ne sont pas assurés de gagner et ceux qui échouent ont des chances de ne pas perdre.

Quoi qu'il en soit, l'école a toujours une valeur sociale importante et normalisante, et l'échec scolaire entraîne souvent les familles dans un péché de haute densité, générateur d'angoisse et de culpabilité. C'est pourquoi je propose la plupart du temps quelques séances avec l'enfant et sa famille, afin d'y voir un peu plus clair, car il me semble irresponsable, au terme d'une première consultation, de conclure : « Je suis désolé, je ne peux rien faire pour vous. Il n'y a pas de raisons médico-psychologiques à cet échec. Votre enfant est normal, et s'il n'a pas de bons résultats scolaires, c'est tout simplement parce que l'école ne l'intéresse pas ! »

Rejeter ainsi un appel au secours, en se fondant sur l'absence de symptômes psychopathologiques, revient à ignorer la parole d'un groupe exprimant la honte d'un péché, et à mépriser ainsi l'angoisse d'une famille qui tentera de toute façon de la faire entendre, au risque même de provoquer parfois, et involontairement, des troubles psychologiques chez un enfant normal. Car si l'échec scolaire n'est pas une maladie, il peut y conduire sous le poids du péché familial qu'il entraîne. À l'inverse, on peut aussi rejeter toute responsabilité individuelle, et penser que l'enfant qui échoue, alors qu'il a initialement « tout pour réussir », n'est que la victime expiatoire d'un problème familial enfoui, secret, douloureux. Dans cette optique, le péché d'échec n'est qu'un alibi qui permet d'exprimer une angoisse collective sans en dévoiler l'origine réelle. L'enfant ne serait ainsi que l'« éponge affective [1] » d'un inconscient familial tentant d'effacer les traces d'un passé ou d'un présent inavouable.

Que ce soit le désintérêt personnel d'un enfant pour l'école ou le mal-être d'une famille qui crée de toutes pièces et inconsciemment l'échec de l'un de ses enfants, ces modèles simplistes de compréhension sont loin de résumer l'ensemble de la réalité. De là, notre souci de mettre au titre de ce chapitre un pluriel reflétant la complexité étiologique des « échecs scolaires ».

Où il est question du premier entretien entre une famille et un thérapeute

Au-delà de la recherche d'une cause tout hypothétique, le premier entretien familial vise à établir un bilan, une sorte d'état des lieux sur le niveau de souffrance, de culpabilité et d'expression des uns et des autres. Ce « scanner affectif » va permettre de déterminer comment une famille peut se mobiliser pour prendre en charge *son* péché. Le refus scolaire d'un enfant au coefficient intellectuel normal n'entraîne en effet pas la même dynamique de mobilisation que l'échec scolaire d'un enfant souffrant d'une atteinte organique cérébrale. Dans un cas, il s'agira d'aider la famille à comprendre que le refus d'apprendre n'est peut-être qu'une manière pour l'enfant de parler, tandis que dans l'autre il faudra bien que les parents se rendent compte que si leur enfant possède de réelles compétences, ce ne sont pas celles attendues par leur désir légitime de réussite sociale.

Le premier entretien a aussi pour but de mettre en évidence la manière dont la famille s'exprime. Il paraît difficile en effet de modifier une situation si les circuits de communication à l'intérieur de la famille sont inexistants ou non adaptés. Toutes les familles comprennent l'histoire suivante : « Imaginez le chantier d'une maison. Tous les matériaux sont là pour bâtir un édifice adapté à vos désirs. Le seul problème, c'est de faire venir les différents corps de métiers dans un ordre logique. Pour que le peintre ne vienne pas avant le plâtrier ou l'électricien avant le maçon, il importe de mettre en place un système de communication performant, mais aussi en accord avec le désir et les possibilités de chacun. La mise en place de ce système est le préalable à toute construction. » Cela pour dire que la résolution d'un problème familial dépend moins de sa nature que des ressources émotives, intellectuelles, communicationnelles que possèdent les familles. Certaines seront capables de déplacer des montagnes ; d'autres s'essouffleront au premier grain de sable.

Le préalable de toute thérapie passe donc par un ou deux entretiens préliminaires, un peu comme les radiographies ou les bilans sanguins sont le préambule de tout acte chirurgical. Toutefois, si l'intervention chirurgicale suppose un patient endormi et passif, le travail thérapeutique avec la famille, lui, vise à réveiller la créativité du groupe. En outre, alors que le bilan préchirurgical d'un patient ne demande que sa présence dans les différents centres d'examen, l'entretien préliminaire d'une famille réclame qu'elle mette en parole et en émotions un problème par définition douloureux. C'est précisément en raison de cet engagement que l'étape diagnostique d'un premier entretien n'est jamais séparée de la thérapie.

Afin d'expliquer la finalité de ces premiers entretiens, il m'arrive parfois de raconter cette autre histoire : « Imaginez que vous souhaitiez tous faire l'ascension du Mont-Blanc. Aucun guide responsable n'acceptera de vous y conduire sans vous avoir soumis au préalable à un certain nombre de questions sur votre niveau d'expérience et votre forme physique. Ce n'est pas le guide qui vous portera sur ses épaules, mais vous qui marcherez selon vos capacités et vos connaissances techniques de la montagne. Fort des renseignements que vous lui aurez donnés, le montagnard vous proposera en fonction de ses propres compétences une ascension par telle ou telle voie. Aujourd'hui, à ce premier entretien, c'est un peu la démarche que je voudrais suivre, en vous demandant ce que vous pensez de l'origine de l'échec scolaire de votre fils. » En répondant, beaucoup sentent intuitivement que l'ascension du Mont-Blanc vient de commencer.

Où il est démontré qu'il est tout à fait illusoire de vouloir trouver une origine à un péché familial

Daniel a sept ans lorsqu'il vient pour la première fois en consultation avec sa mère. C'est un garçon intelligent, mais qui n'arrive pas à apprendre à lire et à écrire. Ce fils unique a été élevé par un père sans emploi et, accessoirement, par une mère aide-soignante, coincée entre un service d'urgence la nuit et des ménages d'appoint dans la journée.

Lors du premier entretien, le père est absent, et c'est seulement sur notre insistance qu'il acceptera de venir à la deuxième consultation. Il s'agit d'un homme petit, frêle, dont l'aspect contraste avec l'apparence massive de sa femme – un homme à qui il a fallu beaucoup de courage pour venir afficher sa timidité et son infériorité. Il dit ne savoir ni lire ni écrire, et aimerait que son fils, lui, sache un jour. Mais il ne se fait pas de souci, car « Daniel n'est pas bête, et ça viendra bien... ». L'homme s'empresse d'ailleurs d'ajouter, comme pour se convaincre lui-même, qu'il voit bien que son fils est intelligent vu « la façon dont il se débrouille dans la vie ».

Le sentiment de ce père devant l'échec de son enfant est donc extrêmement mitigé, partagé entre une inquiétude de pure forme, dictée par des normes sociales de réussite scolaire, et une admiration profonde devant l'intelligence et la débrouillardise de ce fils unique et adoré. La mère, quant à elle, fait aveu d'impuissance, ou vœu d'impuissance, face à cette situation dont elle dit : « Vous comprenez, tant que mon mari ne sera pas plus ferme avec lui, ça ne pourra pas marcher. »

Voici une autre histoire : celle de Bernard, quatorze ans, qui redouble sa quatrième. Les parents se désolent, car depuis bientôt deux ans leur fils ne « fiche plus rien au collège » – ce qui leur semble particulièrement révoltant car, jusqu'en cinquième, il était excellent élève. C'est lors de son admission en classe de quatrième que Bernard a commencé à avoir de moins bons résultats, qui ont d'ailleurs coïncidé avec des difficultés d'endormissement. Inquiets de son comportement, les parents l'ont incité à aller voir un psychothérapeute. L'échec de cette première tentative les a ensuite conduits à choisir un autre psychologue, vite congédié par l'adolescent. C'est alors que cette famille a pris rendez-vous dans notre centre.

Bernard a une jeune sœur, âgée de dix ans, qui est en sixième et qui a la vertu de l'agacer prodigieusement, car elle l'imite en tout point, et ce « depuis qu'elle est née ». Mais, fait remarquable, et dont Bernard ne parlera jamais : alors que depuis bientôt deux ans cet adolescent est en situation d'échec, la petite sœur, elle, connaît une brillante réussite et l'éducation nationale lui a même proposé de « sauter » le CM1. Dans cette famille, le père est ingénieur et paraît très absorbé par son activité professionnelle. Quant à la mère, universitaire, elle semble former une dyade assez privilégiée avec son fils. C'est elle qui dira de Bernard : « J'ai consacré mon existence à un enfant sans reconnaissance. Que me reste-t-il, sinon mes yeux pour pleurer ? La seule excuse qu'il puisse avoir, c'est que son grand-père [paternel] était paresseux comme lui. »

Deux histoires différentes se référant au même péché... Dans un cas, il y a Daniel, l'enfant qui a échoué sa réussite depuis toujours ; dans l'autre, Bernard, l'adolescent qui, comme le dit Jacques-Antoine Malarewicz, semble avoir « réussi à échouer [2] ». Deux histoires différentes qui illustrent ce qu'on appelle, depuis Ludwig von Bertalanffy et sa théorie générale des systèmes, le principe d'équifinalité [3].

Ce concept postule que des systèmes ouverts, c'est-à-dire en relation constante avec leur écologie, ce qui est le cas des systèmes familiaux, fabriquent à un moment ou à un autre de leur histoire une situation qui ne dépend ni des conditions initiales ni des processus qui l'ont créée. Ainsi, l'histoire familiale de Daniel ne ressemble en rien à celle de Bernard. Et pourtant, elles conduisent toutes deux à une situation unique : l'échec scolaire. Le principe d'équifinalité nous enseigne ainsi que le même problème peut être engendré par des causes différentes, et qu'en matière de psychologie, la naissance d'un péché échappe à toute étiologie univoque.

Si le modèle de la cause unique est relativement pertinent dans le domaine médical ou chirurgical – « c'est à cause d'une insuffisance cardiaque que cet homme présente un œdème des membres inférieurs », ou encore « c'est à cause d'une fracture du tibia que cet enfant souffre » –, il perd de sa pertinence dès qu'il s'agit d'expliquer la complexité du mal-être psychologique d'une famille [4]. En fait, rien ne permet de dire que tel type d'événement est de nature à induire tel type de souffrance : l'explication univoque de l'émergence d'un péché relève plus de la conviction religieuse que de la certitude scientifique.

Pourtant, face à un échec scolaire, on ne peut s'empêcher de chercher une cause, et quand on cherche, on trouve : un instituteur un peu sévère ou une institutrice un peu trop laxiste, un grand-père ou une grand-mère malade au moment de la mise en maternelle, un œdipe mal ficelé à l'entrée du CP, des conflits de couple, etc. Il faut dire qu'au rayon « Étiologie » on trouve de tout au Grand Bazar de l'Hôtel de Vie. Mais, si le principe d'équifinalité rend risible toute approche univoque, la question d'une recherche causaliste en matière de psychologie comporte néanmoins un intérêt majeur, non par son caractère de véracité, mais par ses capacités à faire parler une famille autour d'une angoisse dont, souvent, une partie n'a pas grand-chose à voir avec l'échec proprement dit.

C'est cette mise en sens au travers d'une recherche causale pourtant illusoire, qui est un des axes fondamentaux de la psychothérapie tant individuelle que familiale. Ainsi, lorsqu'un père ou une mère disent : « C'est à cause de ceci ou de cela que mon enfant est en échec », pour moi cela signifie : « Aujourd'hui, face à vous, nous en sommes là. Cette lecture que nous avons de nos difficultés vous montre le point d'où nous partons, et les chemins que vous pouvez nous indiquer pour que nous ayons une autre lecture de notre problème. »

C'est la signification que nous donnons aux choses qui les crée en partie, et il nous arrive tous les jours de croiser des faits qui ne prendront l'importance d'un événement que par le poids du sens que nous leur conférons. Dès lors, si une famille parvient à avoir une autre vision de son péché, on peut légitimement attendre, sans que cela soit jamais certain, que celui-ci disparaîtra. Combien de parents qui pensaient que la situation d'échec scolaire était due à une sorte de « paresse génétique » ont permis à leur enfant de devenir brillant en classe en reconsidérant cet échec comme protecteur d'un déséquilibre familial. S'il est peu probable que cette explication soit la cause unique, c'est elle néanmoins qui va mobiliser la créativité familiale et gommer le péché. Car ce n'est pas la cause qui importe, mais le sens qu'on lui donne, et lui seul est capable de responsabiliser la famille quant à son devenir ou de l'immobiliser dans une culpabilité paralysante.

Où il est raconté que l'on accuse trop souvent les parents d'être à l'origine d'un péché et, surtout, de son maintien

Dans un raccourci clinique, on pourrait dire que Daniel présente une immaturité psychoaffective, car rien ne permet de mettre en doute ni son niveau intellectuel ni ses capacités de compréhension, de logique ou de raisonnement. Notre hypothèse de travail est que tout se passe comme si le gamin n'avait pas envie de grandir, comme si l'autonomie créée par les apprentissages scolaires et la fréquentation de ses pairs risquait de mettre en danger le groupe familial. Dans cette famille, si la dyade père-fils semble avoir une existence incontestable, les liens du couple, en revanche, paraissent plus ténus, du moins dans ce qu'il nous est donné d'observer.

La première impression qui se dégage de ce déséquilibre conduit à penser que si Daniel se met à grandir le père et la mère deviendront les obligés d'une définition conjugale qu'ils ne sont pas forcément prêts à aborder. Tout se passe en effet comme si le couple homme-femme n'existait pas et avait à son origine pris pour alibi la naissance d'un enfant, propre à lui donner une reconnaissance sociale. Dès lors, puisque l'avenir conjugal est suspendu à celui de la fonction parentale, toute remise en cause de cette dernière par le départ de l'enfant unique ne peut que remettre en cause l'existence même du couple. Et le petit Daniel, en échouant à l'école, c'est-à-dire en refusant de grandir, diffère un face-à-face auquel ses parents n'ont jamais sans doute été préparés.

Logiquement, une des premières options thérapeutiques qui s'impose alors est de tenter de résoudre le problème de cet échec scolaire par une thérapie de couple, en posant le postulat que si le couple est restauré l'enfant aura l'autorisation de grandir et de réussir sa scolarité. Nous nous sommes d'autant plus laissés séduire par cette hypothèse thérapeutique que certaines familles imprégnées d'émissions télévisuelles psychologisantes nous disaient au lendemain de certains débats : « Notre enfant est en difficulté, mais nous avons compris hier soir en regardant la télé qu'il n'y était pour rien et que c'est notre couple qui ne fonctionne pas bien. »

Toutefois, en mordant à cet hameçon, c'est-à-dire en ignorant l'enfant-victime pour ne s'occuper que du couple-responsable, nous avons omis l'hypothèse qu'il pouvait aussi y avoir des enfants-responsables et des couples-victimes. Or dans certaines thérapies de couple omettant volontairement « l'enfant symptôme » qui, en théorie, ne portait aucune responsabilité dans son échec, nous avons été conduits, avec Christine François, psychologue du service, à observer une majoration du péché et une diminution des notes, les 8 de moyenne se transformant souvent en 5 ou 6, au grand désespoir de parents qui n'y comprenaient rien puisque leur couple allait de mieux en mieux [5]. Il n'a pas été facile de reconnaître que le mieux-être d'un couple pouvait, dans certains cas, entraîner une recrudescence des difficultés scolaires, puisque nous lisions par ailleurs que bon nombre de difficultés scolaires étaient inhérentes à des relations conjugales perturbées. Il n'a pas été facile d'admettre qu'une thérapie de couple, en première intention, en l'absence de l'enfant porteur du symptôme, revenait à dire à celui-ci : « Tes parents vont avec notre aide renforcer une relation dont tu avais jusque-là l'exclusivité. Pourtant, cela représente la condition *sine qua non* de ta réussite scolaire, car si tes parents renforcent leur relation conjugale tu seras un peu plus dégagé de la relation forte que tu as avec ton père ou avec ta mère, ce qui te permettra de reporter une partie de ton investissement familial sur ton travail scolaire. »

Quel enfant, au nom d'une réussite scolaire, pourrait abandonner une partie de l'amour exclusif de l'un de ses parents ?

En excluant l'enfant d'un processus thérapeutique global, on lui demande de fermer les yeux et de ne les ouvrir que lorsque sa famille aura changé et lui sera devenue ainsi en partie étrangère. En outre, invoquer des dysfonctions dans un couple est, comme le dit Guy Ausloos, la piste de travail la moins fonctionnelle que l'on puisse avancer puisqu'elle se vérifie toujours, l'échec scolaire ne pouvant qu'entraîner tensions et divergences conjugales chez des parents responsables [6].

Ces erreurs passées et la relecture assidue de Maurice

Berger [7] et de Murray Bowen [8, 9] nous ont conduits à la conclusion que l'échec scolaire d'un enfant de sept ans ne pouvait se traiter ni par une thérapie de couple ni par une thérapie individuelle, sans un accord préalable de l'ensemble du groupe familial. Au-delà, bien évidemment, d'une acceptation explicite, cette implication familiale nécessitera un certain nombre d'entretiens familiaux visant à juger des qualités de l'aller-retour entre le niveau d'indifférenciation dans la famille et l'aptitude de chacun à accéder à une autonomie. Ce travail préliminaire avec l'ensemble de la famille est indispensable, car plus l'enfant est jeune et plus ses difficultés personnelles risquent d'être ancrées dans une zone d'indifférenciation entre son psychisme et celui de ses parents. C'est précisément ce que postule le principe de totalité suivant lequel un groupe familial ne se comporte pas comme un agrégat d'individus indépendants mais comme un réseau d'interdépendances – ce qui implique que toute modification touchant un des membres entraînera des répercussions sur l'ensemble du groupe, et inversement.

Selon la théorie générale des systèmes, cette interdépendance systémique est universelle puisqu'elle peut aussi bien s'appliquer à un groupe familial qu'à un moteur à explosion. Mais là s'arrête l'analogie : alors que le manque d'essence aura des conséquences certaines et prévisibles sur le fonctionnement du moteur, les répercussions familiales de l'échec ou de la réussite d'un enfant se liront non pas en termes de certitude mais de probabilités.

Où il est rappelé que l'émergence d'un péché dans une famille ne peut se comprendre à partir des défauts de chacun

Lorsque je mélange de la peinture bleue et de la peinture jaune, j'obtiens de la verte. Cette couleur ne ressemble en rien aux couleurs fondatrices, et pourtant son existence en dépend. Pour avoir de l'eau pure, il me faut deux gaz, l'oxygène et l'hydrogène, qui n'ont *a priori* aucune relation avec l'élément liquide. Pour faire une crise d'adolescence, il me faut une puberté et la remise en question d'un couple vieillissant, mais ni la crise pubertaire ni la crise conjugale ne peuvent rendre compte séparément de la crise d'adolescence. Dans tous ces cas, le résultat final ne se résume pas à la somme des ingrédients qui le composent, et c'est cette non-sommativité, appelée par Giorgio Nardone et Paul Watzlawick « qualité émergente [10] », qui nous paraît être à l'origine de bien des difficultés thérapeutiques.

Ceux qui reçoivent des familles en souffrance connaissent la propension de chacun des membres à se rejeter la responsabilité d'un péché. Dans le cas de l'échec scolaire, les grands motifs invoqués par les uns et les autres seront alternativement « la fainéantise évidente » de l'adolescent, le désintérêt flagrant du père pour lequel « il n'y a que le travail qui compte » ou encore le laisser-faire irresponsable d'une mère qui « a trop couvé son enfant ».

Si tous les thérapeutes familiaux ont entendu ces leitmotiv, il est clair aussi que l'un des premiers actes thérapeutiques consiste à faire sortir la famille de cette litanie répétitive pour lui faire admettre, au nom du principe de non-sommativité, qu'un péché familial dépasse le cadre de la faute individuelle et s'inscrit dans l'histoire comme la conséquence d'une famille en difficulté. Le préalable à tout changement, c'est la mise en place d'une lecture de l'échec comme situation de crise dépassant la responsabilité des uns et des autres. Il faut que chacun admette qu'un groupe humain peut avoir un fonctionnement propre. Tant que les membres d'une famille ne sont pas convaincus de cette interprétation, toute leur énergie demeure au service non du changement, mais de l'accusation de l'autre et de la défense de soi.

Où il est montré qu'un péché peut servir l'équilibre d'une famille

Replacé dans le cadre familial d'une crise d'adolescence, on peut penser que l'échec scolaire est, pour Bernard, une tentative de s'affirmer en s'opposant à des parents soucieux, comme tous les parents, de la réussite scolaire de leur enfant. Pourtant, cet adolescent semble aussi donner la mesure de son ambivalence affective, en restant attaché à ses parents par la dépendance inhérente à l'échec : en redoublant, Bernard ne grandit plus. On peut également penser que ne plus être scolairement brillant permet à Bernard de se distinguer d'une sœur qui depuis toujours l'imite en tout point et qui désormais s'en différencie en continuant, elle, à être première de sa classe, tout en étant la plus jeune. Autre explication possible : la puberté de Bernard pourrait se rattacher à la crainte pour les parents d'un face-à-face conjugal inévitable après le départ d'un adolescent qui réussirait sa scolarité et quitterait la famille pour poursuivre ses études.

Tous ces éléments montrent que la crise d'un adolescent doit être vue dans la globalité d'une restructuration familiale, qui peut se lire comme un moment de bifurcation où un certain type de fonctionnement n'est plus à même d'assurer l'équilibre et la survie du système en question. Ainsi, il va de soi que la structure de fonctionnement d'une famille qui a un enfant de deux ans devra nécessairement changer quand celui-ci aura quinze ans, ne serait-ce qu'en raison d'exigences psychoaffectives différentes. Dans la majorité des familles, cette évolution structurelle se fait progressivement, d'un seul tenant ou encore par à-coups plus ou moins brutaux. Mais il arrive aussi que certaines familles, dépassées par les événements, n'évoluent plus et figent leur déséquilibre dans un syndrome qui permet, pour un temps, de retrouver un équilibre perdu.

C'est dans cette optique que les systémiciens ont toujours placé l'échec scolaire, comme une solution de compromis visant au maintien d'un équilibre menacé. Ainsi, dès 1964, D. R. Miller et J. C. Westman ont montré que, lorsque l'échec disparaissait, il y avait souvent survenue de difficultés conjugales, professionnelles ou dépressives dans la famille, comme si l'échec représentait le seul compromis évolutif de certains groupes familiaux [11]. Cette notion de régulation par rétroaction nous conduit au cœur même d'un autre concept de la théorie générale des systèmes : le principe d'homéostasie.

Selon ce principe dégagé par Don Jackson [12], le symptôme présenté par l'un des membres d'une famille peut être vu comme un mécanisme homéostatique ayant pour fonction de ramener à l'équilibre un système en danger de changement. Dans le cas d'un enfant qui se blesse, le mécanisme homéostatique de la famille va entraîner la mise place de la réaction des uns et des autres, ce qui conduira l'enfant à l'hôpital pour y recevoir des points de suture. Ainsi, par des mesures de régulation, appelées feed-back ou rétroactions par la théorie cybernétique de Norbert Wiener [13], la famille va mobiliser ses ressources afin que tout puisse rentrer dans l'ordre.

Pourtant, en cas de blessure plus grave entraînant, par exemple, l'invalidité de l'enfant, les mécanismes de régulation auxquels la famille faisait habituellement appel ne seront plus suffisants, et il faudra bien que celle-ci change fondamentalement ses règles de fonctionnement. Ce n'est qu'à cette condition, par une modification de sa structure antérieure, que le groupe familial pourra faire face au changement imposé par ce coup du destin. Il y aura certainement, alors, mise en place de nouveaux mécanismes de régulation qui pourront, ou non, emprunter la voie d'un syndrome. Une douleur familiale causée par l'invalidité d'un enfant accidenté pourra ainsi être « atténuée » par la survenue brutale d'une dépression majeure chez l'un des parents, la tentative de suicide chez l'un des enfants ou encore l'apparition de difficultés scolaires chez un adolescent jusque-là brillant.

Toutefois, ce n'est pas l'apparition de l'un de ces syndromes qui est pathologique car ceux-ci peuvent tous se concevoir comme le mode de réaction normal d'une famille en souffrance. Ce qui, par contre, est dysfonctionnel, c'est lorsque ces syndromes se fixent comme un péché nécessaire à la vie quotidienne, c'est-à-dire lorsque la douleur sert à gommer la douleur. Précisons qu'en termes de dynamique familiale, les notions de bien et de mal ne sont pas pertinentes, et le péjoratif d'un trouble du comportement peut dans une logique interne représenter la voie de secours possible d'un système en déséquilibre.

Un enfant me racontait un jour l'histoire suivante : « C'est un gars qui est dans le désert, et qui a mal aux dents. Il rencontre un sorcier et il lui dit : " Sorcier, guéris-moi, parce que j'ai mal aux dents. " Le sorcier lui demande de fermer les yeux et lui file un gros coup de gourdin sur la tête. Le type ouvre alors les yeux et dit : " Merci, sorcier, tu m'as guéri, je n'ai plus mal aux dents. Mais maintenant j'ai mal à la tête. " » Si la théorie générale des systèmes et la cybernétique montrent que l'échec scolaire, comme le coup de gourdin du sorcier, peut être pour une famille la voie d'un retour à l'équilibre, elles n'indiquent cependant pas pourquoi cette conduite est adoptée plutôt qu'une autre. La théorie générale des systèmes et la cybernétique n'envisagent le symptôme que d'un point de vue économique ; elles se bornent à constater rétrospectivement que telle ou telle difficulté individuelle sert l'équilibre de l'ensemble du groupe, sans expliquer pourquoi cette difficulté est apparue de préférence à une autre.

À ce point de rupture, ce sont les caractéristiques propres à l'individu porteur du symptôme qui sont de nature à offrir, ou non, un point d'ancrage au déséquilibre familial. La sensibilité biologique d'un enfant le mettra peut-être davantage en position de faire des crises d'asthme que de développer un échec scolaire. Un autre sera peut-être plus enclin à avoir des troubles du sommeil ou du comportement alimentaire. Parvenus à ce stade, il nous faut donc sortir, comme le dit Maurice Nanchen, du « réductionnisme holistique [14] » qui consiste à ignorer l'individu et ses caractères propres pour le réduire à des feed-back cybernétiques au sein de la famille. C'est dans cette perspective que nous allons maintenant aborder la dimension individuelle de l'échec scolaire.

Où il est question d'une biologie de l'échec scolaire et du bon ou du mauvais usage que l'on en fait

Les histoires de Daniel et de Bernard concernaient des enfants intelligents, ignorant ce que certains ont appelé le *learning disability*, les limites dans les capacités d'apprentissage [15]. Très souvent, les premières inquiétudes suscitées par l'échec scolaire d'un enfant déficient intellectuellement entraînent de la part de l'entourage une dynamique visant au déni du handicap : « Vous savez, Docteur, mon fils est paresseux. S'il voulait un peu se donner la peine, nous n'en serions pas là... » Cette femme qui consulte aujourd'hui supporte de son enfant une douleur aux marges de sa conscience, entre le savoir et l'enfoui. Le savoir que son petit sera toujours en échec scolaire parce qu'une tumeur lui a irrémédiablement mangé une partie du cerveau, et l'enfoui parce qu'en disant que l'enfant est paresseux, la douleur de cette femme tente de duper la trahison du destin. Parler de paresse, c'est mettre en avant un péché que l'on peut dompter, tandis que parler du déficit tumoral de son petit, c'est mettre au jour une souffrance innommable.

Heureusement, c'est là un cas extrême. Il n'empêche :

la paresse est, très souvent, la première convoquée comme coupable de l'incomplétude scolaire d'un enfant. Elle permet souvent par un « effet Pygmalion [16] » d'habiller l'échec du costume de la responsabilité individuelle et non d'un déficit « définitif ». Dans l'esprit du parent ou de l'enseignant, être fainéant est un péché personnel de l'enfant et, donc, susceptible de s'amender moyennant un effort de celui-ci. Seul l'enfant est alors responsable de l'échec : ni l'injustice du destin ni les raisons psychopathologiques ne sont concernées. Cette façon de poser l'étiologie permet d'évacuer, du moins pour un temps, bien des douleurs.

Il arrive aussi que le désarroi familial trouve d'autres alibis dans les syndromes en « dys » : dyslexie, dysorthographie, dyscalculie. Avec la paresse, il faut faire en sorte qu'un enfant devienne travailleur ; avec une dyslexie, il suffit d'une bonne rééducation. Dans l'esprit de la plupart des parents, les syndromes en dys se réfèrent à l'étiologie floue d'un organique réversible qu'il suffit d'éduquer. Ces causes tangibles sont beaucoup plus sécurisantes que celle du handicap définitif ou d'une psychologie impalpable qui fait peur parce qu'elle remet en question les capacités affectives et éducatives de la famille.

Les orthopédagogues savent bien que ces syndromes sont la plupart du temps des cache-misère que, pour des raisons multiples, il convient de respecter. Les ressources affectives familiales ne permettant pas toujours, dans un premier temps, de travailler au cœur du problème, il faut se donner un certain nombre d'entretiens pour que le groupe familial abandonne les défenses stériles de la paresse ou du « dys ».

Cette notoriété des syndromes en dys pourrait remonter à la parution en 1968 d'un ouvrage de Bernard Andrey et de Jean Le Men, où il était recommandé aux cliniciens d'individualiser, outre ces syndromes, les « inadaptations générales découlant d'une instabilité psychomotrice [17] ». On connaît aujourd'hui les flots d'encre que ce syndrome a eu la vertu de faire couler, en particulier entre ceux qui pensent que les troubles de l'attention et l'agitation de l'enfant sont dus à une pathologie cérébrale justifiant un traitement chimique et ceux qui se réfèrent à une souffrance relationnelle nécessitant une approche psychologique.

À cet égard, les derniers travaux d'Hubert Montagner tendent à montrer que l'une des voies de compréhension de cette instabilité psychomotrice passe par la perturbation des « compétences-socles ». Dans son récent ouvrage *En finir avec l'échec à l'école* [18], Hubert Montagner rappelle que l'enfant présente, dès les premières semaines de vie, des aptitudes innées : attention visuelle soutenue, élan à l'interaction, comportements affiliatifs (offrandes, sollicitations, coopération, etc.), organisation structurée et ciblée du geste et des comportements imitatifs. Toutefois, l'émergence de ces compétences-socles, fondamentales pour l'éveil et le développement intellectuel, est variable selon les enfants, et Montagner insiste bien sur le fait que leur développement ne répond pas simplement à un « programme » fixé une fois pour toutes et commun à tous, mais dépend de multiples facteurs extérieurs, et en particulier des relations précoces mère-enfant. L'intérêt d'une telle démarche est d'éviter qu'on ne se voile la face derrière un psychologisme qui ignorerait tout du cerveau et de permettre de dépasser la querelle de l'inné et de l'acquis en faisant des compétences-socles une base organique, variable selon les enfants et remise continuellement en question par le contexte interactif.

Le fait que chaque enfant suive ainsi un scénario de développement qui lui soit propre devrait amener les responsables de nos programmes pédagogiques à voir dans l'enfant autre chose qu'un disque dur informatique qu'il suffit d'imprégner. L'école ne peut espérer accueillir des élèves standard plus ou moins performants ; elle reçoit inévitablement des enfants à problèmes, c'est-à-dire ayant chacun une personnalité propre. Mais ce qui est vrai pour l'école l'est aussi pour les professionnels de la psyché. Derrière un artisanat de façade n'a-t-on pas tendance à cacher une industrie de masse où certains échecs scolaires sont, en toute bonne foi, maltraités par manque de modèles thérapeutiques pertinents ? Ces modèles devraient pouvoir prendre en compte certains concepts, comme celui de fragilité décrit notamment par Gilbert Lovey et Maurice Nanchen [19], qui font référence par ce terme à une difficulté propre à l'élève et concernant sa capacité d'adaptation aux demandes de l'école. Comme le précisent ces deux psychologues, « l'état actuel de l'organisme peut révéler par exemple une immaturité de l'équipement neurologique, avec des retombées au niveau de l'organisation perceptive ou du contrôle. Relevant peut-être du programme génétique, il est possible d'évoquer une intolérance à la frustration, ou la tendance sous stress à réagir par la fuite ».

Toutefois, ce concept de fragilité est aussi intéressant que dangereux, s'il est utilisé sans réserve. Dans le meilleur des cas, il permet de prendre en compte la sensibilité particulière de l'enfant et peut susciter une certaine adaptation de la part des éducateurs. Mais il risque également d'enfermer l'enfant dans un hypothétique organique expliquant de façon irrémédiable l'échec scolaire, dont la responsabilité retomberait sur l'Enfant et sur Dame Nature. Pour que le concept de fragilité puisse garder toute sa pertinence et favoriser la mise en place d'un cadre éducatif adapté, il faudrait aussi, et peut-être d'abord, que l'école respecte davantage le monde de l'enfance et, notamment, la chronopsychologie infantile [18]. Sans entrer dans le détail, disons simplement qu'un enfant de six ans a une moindre attention psychologique entre 8 h 30 et 9 h 30, 13 et 14 heures, et après 16 heures. Il paraît difficile de ne pas tenir compte de ces données lors de l'élaboration des programmes éducatifs. En outre, contrairement aux bons élèves qui semblent relativement capables de dépasser les inconvénients des rythmes neuropsychologiques, le non-respect de ceux-ci frappe de plein fouet les enfants en échec. Or ce sont précisément ceux-ci que l'on a tendance à faire travailler le plus.

La différence de comportement des bons et des mauvais élèves face à la chronopsychologie peut aussi se voir comme le plaisir des uns et la paralysie des autres à étudier. Tous les parents savent que, quelle que soit l'heure, quand un enfant a envie d'apprendre quelque chose, il le fait et, souvent, sans aucune espèce d'enseignement. Tous les jours, dans leur chambre ou dans le garage de leurs parents, naissent ainsi des petits informaticiens, des électriciens, des mécaniciens en herbe, des spécialistes en dinosaures ou en insectes, avec souvent pour seul enseignant le regard et l'envie. Se pose dès lors la question du désir et du plaisir de l'apprentissage scolaire.

Où il est de nouveau question de Daniel, l'enfant intelligent qui n'a jamais réussi à quitter son père pour réussir sa scolarité

D'un strict point de vue psychodynamique, l'échec scolaire de Daniel peut se modéliser à partir de la triangulation œdipienne. Dans leur ouvrage *L'Acte d'apprendre*, Bernadette Aumont et Pierre-Marie Mesnier ont développé cet intéressant parallèle entre le triangle pédagogique Savoir-Enseignant-Élève et le triangle œdipien précoce Mère-Père-Enfant [20].

Le premier objet d'investissement d'un enfant étant sa mère, ou son substitut, c'est l'énergie du désir pour cette personne qui va permettre au nourrisson d'accéder à ses premiers apprentissages. Dans l'histoire de Daniel, le père semble avoir joué le rôle de substitut maternel, et on peut donc en déduire que n'importe quel objet investi en dehors de cette dyade père-fils ne pourra se faire sans l'accord de cette dernière. Dès lors, face à cette situation particulière où les rôles de l'homme et de la femme sont inversés par rapport à la situation œdipienne traditionnelle, c'est la mère qui, éventuellement, pourra rompre cette dyade en s'imposant comme épouse. Apparemment, cela ne s'est pas fait dans le cas de Daniel.

Si l'on reprend l'analogie entre le triangle pédagogique et le triangle œdipien, où le savoir vient se superposer à la mère œdipienne, on voit que l'enfant ne pourra accéder à la connaissance que dans la mesure où il a, ou bien se donne, la permission de sortir de la dyade exclusive qu'il forme avec sa mère – ou avec le substitut maternel. Autrement dit, pour que Daniel fasse des acquis scolaires, c'est-à-dire pour que la triangulation pédagogique fonctionne, il faut que la triangulation œdipienne puisse suffisamment interdire le père comme objet à connaître pour que l'objet de savoir du triangle pédagogique devienne à son tour objet de désir.

En effet, à la base du triangle pédagogique, on trouve l'enseignant(e) et l'élève ; le triangle œdipien, lui, montre le père et l'enfant – dans le cas de Daniel, la mère et l'enfant. Si le père œdipien ne joue pas son rôle dans une triangulation indispensable au début de l'apprentissage scolaire, certains enseignants peuvent être investis de ce rôle par l'enfant. Légitimement, ce n'est pas le rôle de l'enseignant que de se substituer ainsi à un père défaillant mais, dans certaines situations familiales difficiles, où l'absence de figure paternelle est manifeste, on peut penser que la résilience de certains enfants, ceux qui « s'en sortent malgré tout [21] », vient précisément des capacités qu'ils ont à investir et à être investis par des enseignants de grande qualité, bien conscients qu'ils dépassent leur rôle strictement pédagogique.

Parfois, cette délégation ne fonctionne pas et l'enfant reste résolument dans une conduite d'échec, figé dans une dyade exclusive avec sa mère, et ce malgré l'acharnement d'un circuit intergénérationnel maître-élève dont on peut craindre, comme Patricia Mc Culloch, qu'il ne crée une dépendance problématique entre l'enseignant et l'enseigné [22].

De fait, si Daniel est venu un jour consulter, c'est surtout sur l'insistance de l'enseignant avec lequel une véritable bataille s'est engagée : bataille entre l'honneur et la compétence du maître à faire réussir l'enfant et l'énergie et le savoir-faire de l'élève à le faire échouer, car il n'est pas question pour le premier de remettre en question une identité professionnelle menacée par le second qui ne trahira pas la loyauté qu'il a vis-à-vis de son père. Cette bataille primordiale pour le narcissisme de l'un et de l'autre les captive tant que l'adulte, aveuglé, ne se préoccupe plus que des stratégies verticales d'un apprentissage intergénérationnel, sans penser qu'une approche horizontale entre pairs serait plus efficace pour l'enfant, car moins dangereuse affectivement. Effet direct de cet aveuglement, non seulement les camarades de Daniel n'entrent pas dans le circuit de la réussite éventuelle de l'enfant, mais ils participent peu à peu à la construction de la valorisation de celui qui échoue. Cette identité de cancre conduit l'enfant à développer de plus en plus d'énergie pour maintenir ce masque de l'échec et à se dépenser de moins en moins pour en changer.

Dans le cas du petit Daniel, l'échec a pu se mettre en place en raison de la fixation œdipienne, mais aussi parce que les suppléances n'ont pas fonctionné. Car c'est souvent une suite de catastrophes qui peut expliquer un péché, et non un événement unique familial. On peut penser que l'échec de Daniel a commencé dès la grande section maternelle à l'époque des premiers apprentissages. Progressivement, l'enfant a perdu pied et s'est mis à adopter des stratégies de protection. Les parents qui viennent consulter décrivent assez bien ce type de comportement chez leur enfant : indifférence, prestance ou dérision, rêverie.

En milieu de CP, l'enseignant de Daniel a fait appel à un psychologue scolaire, pour qu'il teste l'enfant et puisse éventuellement expliquer ses difficultés par un syndrome pathologique. L'authentification d'un trouble agit souvent comme une manœuvre d'autoprotection de la part de l'enseignant : « Cet échec ne remet pas en cause mes capacités, puisque l'enfant est malade. » Malheureusement, le psychologue scolaire a lui aussi fait part de son désarroi, disant de Daniel qu'il était intelligent mais n'avait tout simplement pas investi l'école. Ces conclusions psychologiques n'ont pas sécurisé l'enseignant qui a échoué puisqu'il n'a « pas réussi à intéresser l'enfant ». Face à cette blessure narcissique, l'enseignant a alors pensé que la source de son échec devait venir de la famille, et c'est pourquoi il a pris l'initiative de demander à la mère de venir nous voir. Très souvent, quand la subtilité ne colore pas le langage de la demande, cette démarche pourtant intéressante, au lieu de mobiliser les ressources respectives, enclenche des messages d'accusation réciproque, qui aboutissent assez rapidement à une paralysie de la collaboration.

Où l'on reparle de Bernard, l'adolescent brillant qui, un jour, semble avoir réussi à échouer

Bernard, lui, pose une autre question, celle d'un échec inscrit à partir d'un fléchissement intellectuel qui peut se concevoir dans le cadre d'une dépressivité. Toutefois, cette notion est si banale chez les adolescents [23] qu'elle ne saurait en aucun cas expliquer à elle seule un échec scolaire au long cours. Le problème qui se pose alors est plutôt de savoir comment un garçon brillant a « choisi » de s'individualiser par un échec-paresse.

Une partie de la réponse pourrait passer par les résultats d'une recherche éthologique que nous avons conduite, en 1996, avec Boris Cyrulnik et Maria Vilalobos sur la naissance de la personnalité chez les jumeaux. Dans ce travail, il s'agissait de faire l'analyse comportementale des interactions précoces entre une mère et ses jumeaux et, aussi, d'amener cette mère à évoquer la représentation issue du choix des prénoms. Or nous avons découvert que cette femme jugeait l'un des jumeaux plus anxieux que l'autre en partie du fait du prénom de cet enfant et du comportement maternel qui en découlait. En effet, dès que le petit Robert bougeait dans son lit, il était saisi par une mère anxieuse qui tentait de le consoler alors qu'il était visiblement dans une phase de sommeil profond : le résultat était, immanquablement, le réveil et l'apparition de troubles du sommeil. Ce faisant, et de plus en plus, Robert ressemblerait à son grand-père anxieux, dont il portait justement le prénom... Les conclusions de François de Singly vont d'ailleurs dans ce sens, quand il écrit : « Les prénoms signalent publiquement la valeur que les parents souhaitent, volontairement ou non, attribuer à leur progéniture. Les petites filles qui ont été nommées Monique dans les générations 1930-34 ont été plus souvent bachelières que celles qui ont reçu le même prénom quelques années plus tard. Tout se passe comme si le prénom était une anticipation des investissements que les parents voulaient réaliser sur leurs enfants [24]. »

De la même façon, Bernard a été affublé du qualificatif de paresseux, comme son grand-père paternel. Cela n'étant pas innocent, le jeune garçon pouvait s'emparer de la paresse de l'aïeul dans un souci à la fois de loyauté aliénante et d'indépendance félonne. En effet, pour Bernard, enfant jusque-là brillant « comme sa sœur », il importait de marquer un territoire personnel vis-à-vis du groupe familial, en n'étant plus ce que l'on attendait de lui, mais en restant fidèle au clan à travers ce grand-père paresseux dont on a dû si souvent parler.

Ce double mouvement a certainement fourni l'énergie à ce que Guy Ausloos nomme le processus de sélection-amplification du symptôme [6]. Bernard a certes pu présenter, à un moment, un ensemble de comportements, mais un seul de ces comportements aléatoires a, en fait, pris sens. Un peu comme quelqu'un qui, apprenant à nager, se débattrait dans des mouvements désordonnés qui, peu à peu, seront sélectionnés eu égard à la flottabilité mais aussi en raison de la vitesse du mouvement imprimé. La nature aléatoire du symptôme, elle, reste à discuter. Car si ce symptôme prend du sens, c'est qu'il a déjà été sélectionné parmi d'autres possibles, non pas par la neutralité de la cybernétique mais par la sémantique du système – dans le cas de Bernard, en raison du sens que la famille a pu créer autour de la paresse du grand-père.

S'il est clair que l'identité de cet adolescent ne s'est pas créée uniquement autour de cet axe et que sa biologie et ses rencontres en dehors du cercle familial auraient pu former d'autres symptômes possibles, nous rejoignons, cette fois, Guy Ausloos lorsqu'il écrit : « C'est à ce moment qu'il [ce comportement] sera sélectionné et privilégié préférentiellement à d'autres comportements et ce, en fonction de l'histoire du sujet, de son rôle dans le système et de ses finalités propres à cette étape de son existence, ce processus n'étant bien sûr pas pleinement conscient. La répétition du comportement sera alors pleinement amplifiée ou réduite par les membres du système, à nouveau en fonction de l'histoire, des modalités organisationnelles, des règles de fonctionnement, des finalités propres de ce système particulier. C'est parce que les membres du système et le sujet privilégient ce comportement qu'ils se fixent sur ce symptôme, qu'ils contribuent à fixer ce comportement comme symptomatique [6]. »

Si la dépressivité ou la dépression ont conduit Bernard à un fléchissement scolaire, et si ce dernier a mené l'adolescent à un échec par l'atavisme d'une paresse intergénérationnelle, on peut également s'interroger sur la participation culturelle à l'origine du syndrome. La famille n'échappant pas à son écologie [25], les symptômes qu'elle sécrète trouvent une assise dans la culture ambiante. Tout ne naît pas *ex nihilo* ou bien de l'histoire des familles, du relationnel de la systémique, de l'interactionnel de la théorie générale des systèmes ou de la cybernétique, d'un transcendantal culturel ; mais de l'ensemble, dans un pot au feu dont chaque famille garde le secret.

Où il est raconté comment le péché d'échec scolaire pourrait trouver place entre le profit et l'humanisme

Voici ce que disait le sociologue français Émile Durkheim il y a environ un siècle : « L'idéal pédagogique d'une époque exprime avant tout l'état de la société de l'époque considérée [26]. » Cette phrase, écrite au début de la mondialisation de l'économie et du plein essor de l'ère industrielle en France, pourrait illustrer à merveille combien le regard péjoratif porté sur l'échec scolaire par les familles est indissociable de la valeur donnée à l'école par un monde en expansion et en mal de main-d'œuvre qualifiée. Cependant, cette réflexion serait incomplète, dans la mesure où elle laisse supposer que la vile industrie a créé l'école afin de servir de vivier aux vilains profiteurs. En fait, les choses semblent plus compliquées.

Si l'un des moteurs principaux de la civilisation occidentale depuis le XIIIe siècle semble être l'argent, la tradition humaniste en France, surtout depuis le XVIIIe siècle, fait que la société a toujours tenté de s'occuper des laissés-pour-compte du système. Peu importent les raisons profondes de cet altruisme, le résultat est que, en France, coïncident une pragmatique du profit et un humanisme désintéressé dont la cohabitation n'est pas toujours aisée. Et ne faut-il pas voir là les raisons profondes de la double lecture de l'enfant en échec qu'il faut, d'une part, rendre rentable par son orientation dans un cadre scolaire adapté et dont il faut, d'autre part, prendre en charge la souffrance psychologique qui, dans notre mythologie sociale, accompagne obligatoirement l'échec ?

À titre d'exemple, la première moitié de ce siècle a vu l'introduction d'une psychométrie capable de catégoriser les enfants et, dans le même temps, la modélisation du fonctionnement psychique de l'enfant dans le but de permettre la prise en compte de ses difficultés. Ces dernières avancées ont d'ailleurs suivi ou précédé une double mutation sociale très profonde – l'urbanisation et l'industrialisation – que l'école et la psychologie ont permis de concilier dans une pragmatique humaniste ou dans un humanisme pragmatique, selon l'idéologie à laquelle on se réfère.

Ainsi l'école a, pour certains, servi à la prise en charge d'une éducation infantile que les parents ne pouvaient plus assumer, parce qu'ils travaillaient. Pour d'autres, en revanche, elle a été, comme les hôpitaux généraux au XVIIe siècle, une manière d'endiguer l'errance infanto-juvénile sécrétée par le travail des adultes. La bourgeoisie industrielle a ainsi gagné sur deux points : la sécurité des rues et la formation des futurs travailleurs. De la même façon, la psychologie a permis de donner sa chance à l'enfant en échec parce que souffrant psychologiquement, mais aussi de sélectionner les élèves en fonction des besoins sociaux.

C'est toute l'ambivalence de cette phase industrielle qui, par ailleurs, a entraîné un transfert du travail productif hors de la famille. Il devenait dès lors de plus en plus obsolète d'imposer à l'enfant telle ou telle activité qui n'était plus vitale pour la famille. Comme l'écrit Antoine Prost, « l'autorité parentale est devenue arbitraire, elle s'est exercée à vide quand elle a cessé d'être la direction de tâches familiales indiscutables. Les parents d'autrefois étaient autoritaires par nécessité autant que par coutume : quand l'orage menaçait, on ne demandait pas leur avis aux enfants pour faire rentrer le foin, et il fallait bien que quelqu'un allât chercher l'eau, le bois sec... La nécessité faisait la force de la loi [27] ».

Cette mutation, qui a transféré le travail de l'enfant de la famille à l'école, a imposé la notion de capital scolaire et de réussite aux examens comme nouvelle et première ambition familiale. « Si la famille moderne, écrit à juste titre le sociologue Pierre Bourdieu, est moins centrée sur les choses, sur le patrimoine économique, c'est parce que ce dernier – sous la forme du capital de terre, ou du capital financier – joue un rôle moindre dans le fonctionnement des sociétés contemporaines. Le capital dominant aujourd'hui est le capital scolaire [24]. »

Ayant eu la chance, avant de devenir psychiatre des villes, d'être psychiatre des champs, je garde le souvenir de quelques familles paysannes qui ne valorisaient pas le travail scolaire de leur enfant, non par marginalisation et agressivité sociale, mais parce que leur niveau de culturation traditionnelle était suffisamment fort et avait suffisamment de valeur pour signifier : « Vous savez, notre fils ne travaille pas à l'école, mais ce n'est pas un fainéant ; l'école, ça ne lui plaît guère, mais on trouvera bien quelque chose pour lui à la maison plus tard. Ça ne m'inquiète pas, parce que c'est un courageux. » Ici, l'ambition familiale passait par un circuit traditionnel d'où l'école était exclue. Il est clair que le discours citadin aujourd'hui, en cette fin de XXe siècle, où le capital dominant est le capital scolaire, est très différent. Dès lors, l'échec scolaire comporte cette valeur de péché, sauf dans certains cas où il semble valorisé et servir des valeurs identificatoires familiales.

Où il est montré que l'échec scolaire a, comme tout péché familial, une valeur relative, fonction du regard social et de la famille qui le porte

La non-reconnaissance de l'école ne procède pas toujours d'une dynamique de valorisation du travail domestique. Parfois, derrière la paresse évoquée « pour faire plaisir au docteur représentant de l'ordre établi », il y a un enfant dont l'échec est un véritable porte-drapeau – un symbole du rejet et de la dévalorisation que l'ensemble d'un groupe porte à la société. Certaines familles semblent, en effet, tisser leurs liens d'identification dans ce que l'on pourrait appeler une opposition comme phénomène de culturation. Le sentiment d'appartenance au groupe passe alors par une non-intégration aux règles sociales du milieu ambiant, et tout péché familial prend, dans ces conditions, valeur intégrative.

Cela ne veut pas dire pour autant que la valorisation du travail à l'école par un groupe familial est nécessairement synonyme d'intégration aux valeurs culturelles ambiantes. La clinique quotidienne montre que lorsqu'un groupe familial a suffisamment d'assises culturelles, il peut permettre à ses enfants d'apprendre, parce qu'il y a peu de danger que les liens se défassent et que la réussite dans cette autre culture renforce en réalité le bien-fondé de sa propre culture : la réussite sociale, corollaire de la réussite scolaire, renforce l'idée de la pertinence d'une culture assurant la réussite et le bien-être de ses membres. Je connais ainsi une famille maghrébine qui donne l'illusion d'être intégrée parce que ses membres sont tous polis et que les enfants vont à l'école, sont brillants et ne fréquentent pas les bandes de voyous de la cité. Pourtant, cette famille riche des traditions de ses ancêtres n'a qu'une hâte : repartir dans son village d'origine en Kabylie, et le fait que les enfants réussissent à « l'école des Français » est une fierté qui renforce la valeur de la culture propre, contrairement à ce qui se passe en France « où il y a que des voyous dans les rues ». L'intégration n'est donc qu'apparente, car elle reste finalement liée à un projet migratoire transitoire, qui prend sens dans la réussite scolaire des enfants [24].

À l'inverse, quand un groupe est en situation d'anomie, de désarroi culturel, il peut négativer toutes les valeurs extérieures, pour en faire des contre-valeurs propres à le reconstruire. Ainsi, le sentiment d'appartenance à un groupe peut-il naître aussi dans le rejet de l'autre, et ce d'autant plus volontiers que cet autre est en crise, en perte ou en recherche de soi-même. Or le danger en France est qu'il y a un certain nombre de communautés migrantes en situation d'entre-deux culturel dans un pays lui-même en entre-deux culturel. Dès lors que veut dire le mot intégration prononcé par une société en recherche d'elle-même ? Pour poursuivre dans le contradictoire, citons cette autre famille en rupture de tradition, qui se cherche entre une culture d'origine de plus en plus pauvre et une identité française de moins en moins riche. Les enfants de cette famille sont en échec scolaire et fréquentent la rue. Pourtant, contrairement à la famille précédente, le Ramadan n'y est pas réellement respecté, et les deux parents fréquentent des Français. Qui est intégré et à quoi ?

Parfois, aussi, viennent consulter des parents qui sont envoyés par l'école parce que leur enfant a de « mauvaises notes ». Pour ces parents, tout va bien, sauf « qu'il est paresseux ». La meilleure volonté du monde du consultant ne conduit qu'à cette double conviction : les parents, et c'est très souvent la mère, viennent uniquement consulter parce qu'on leur a dit que l'enfant allait redoubler ; ces mêmes parents n'ont aucune connaissance de leur enfant, non par déni d'une douleur insurmontable, mais par une sorte d'acculturation qui conduit à l'atomisation du groupe familial. Il n'y a plus de famille, mais un ensemble d'individus vivant de façon familière sous le même toit, partageant parfois un repas ou un match de foot à la télé.

Ces « familles exclues » dont parle Serge Lebovici [28] concernent toutes les ethnies. Elles ignorent tout du système scolaire, jusqu'à la classe fréquentée par l'enfant, et génèrent, chez ce dernier, un sentiment permanent de déprivation et d'insécurité affective. Dans un tel contexte, l'échec scolaire doit être vu comme partie d'un véritable syndrome de manque : pourquoi apprendre et pour qui, puisque je ne sais même pas qui je suis ? Mais soyons clair : l'enfant ne souffre pas parce que sa famille échappe aux critères traditionnels de la famille idéale. En disant cela, on postulerait que seul un groupe familial stable, nucléaire et de type occidental est habilité à entraîner l'épanouissement d'un être humain ! Plus que la structure ou la forme culturelle de la famille, c'est la présence ou l'absence de repères qu'elle peut fournir à l'enfant qui importe. La pathologie ne naît pas de la marginalisation familiale, mais de son vide culturel. À terme, si un groupe familial n'est pas capable de dispenser ce genre de balises affectives, il est clair que l'enfant pourra être amené à les chercher, et éventuellement les trouver, en dehors de la famille.

Cette recherche, vitale pour l'identité de l'enfant ou de l'adolescent, ne se fera pas nécessairement dans un milieu marginalisé. Les travaux de chercheurs comme Wernerl aux États-Unis, Rutter en Angleterre ou Lösel en Allemagne ont montré qu'un tiers environ des enfants naissant dans des familles défavorisées se développaient convenablement [29] – conclusion qui confirme l'idée selon laquelle l'identité individuelle repose sur d'autres critères que ceux de l'intégration socio-familiale

D'une façon générale, on voit bien que l'échec scolaire, du seul point de vue psychologique, n'est pas forcément synonyme de souffrance. Au contraire, il peut être l'incontournable du sauvetage affectif de l'enfant. En effet, si les liens affectifs passent par un groupe de pairs pour lequel l'école n'a aucun sens, il est clair que le choix entre l'identité de l'enfant et l'apprentissage scolaire est fait. La « désidentité scolaire » permet l'émergence d'une identité sociale et psychologique forte, même si celle-ci passe par la marginalisation. Le paradoxe d'une valorisation par l'échec scolaire trouve sa source dans la recherche impérative d'une identité qui ne s'encombre pas de valeurs sociales, de plus en plus discutables du reste, comme celle de la réussite scolaire.

Où il est question d'une première conclusion

Dans les années 1950, sur la côte ouest des États-Unis d'Amérique, dans un bar de Palo Alto, la théorie générale des systèmes, la cybernétique et les sciences humaines se rencontrent pour créer l'approche systémique. L'accord sera difficile, plein de richesses et de malentendus. Du côté des richesses, la principale sera la conceptualisation de l'interdépendance du vivant. Du côté des malentendus, le plus important résidera dans la confusion entre l'objet de la réunion, c'est-à-dire l'approche systémique, et les protagonistes de cette rencontre.

Si les principes de la théorie générale des systèmes et de la cybernétique montrent la mécanique du péché dans l'ici et maintenant de l'équilibre familial, il faut néanmoins faire appel à d'autres concepts tirés de la psychologie, de la biologie ou de la culture pour en comprendre l'origine et la disparition. Pour nous, c'est cela l'approche systémique [30] : une façon globaliste de voir l'humain et d'utiliser différents concepts tirés de disciplines différentes en fonction de la souffrance, de la culpabilité et des ressources de changement que lui permet son péché. C'est dans ce sens que nous espérons que ce premier chapitre aura participé à la résolution de ce « naïf contresens qui, comme le dit Jean-Claude Benoît, a fait de la notion de système dans les sciences humaines une formule de rigidité cybernétique ».

Pour ce qui est de l'échec scolaire proprement dit, qui représente la première cause alléguée de consultation dans notre centre médico-psychologique pour enfants et adolescents, il faudra véritablement attendre le milieu des années 1970 pour que sa naissance soit comprise au carrefour de l'intrapsychique, de l'intersubjectif et du socioculturel, grâce notamment aux travaux pionniers de Luigi Cancrini [31], Mara Selvini Palazolli [32] et Mony Elkaïm [33].

Comme nous l'avons dit au cours de ce chapitre, le premier entretien avec une famille présentant un péché vise non pas à débusquer des responsables derrière la recherche d'une étiologie hypothétique, mais à faire le point sur l'état actuel de la famille et ses énergies disponibles. En cela, nous partageons avec Guy Ausloos l'idée que « la situation de thérapie n'est pas une situation expérimentale dans laquelle il s'agit de vérifier une thèse, mais une situation interactionnelle où les membres du système étudiés sont tout autant acteurs que les thérapeutes et où, par définition, il n'y a rien à prouver mais seulement un processus à activer [6] ». Il nous reste six chapitres pour montrer son activation.

– 2 –

PSYCHOSOMATIQUE

Sans le combat mégalomaniaque que se livrent depuis René Descartes les tenants de l'âme et du corps, le péché de psychosomatique n'aurait probablement jamais vu le jour. Le bon sens a beau convoquer l'unité de l'humain, le monde scientifique occidental, lui, en a décidé autrement, par la mise en place d'une ligne de partage entre spiritualité et organicité. Et notre culture, non imprégnée de la conception aristotélicienne d'un élan vital indissociable de l'organique, s'est résolument tournée vers un rationalisme scientifique, scindant le corps entre psyché et soma.

Si l'empreinte de l'unicité s'était faite, on dirait aujourd'hui de toutes les maladies qu'elles sont de nature psychosomatique ou, plus exactement, on ne parlerait plus que de maladies ou de malades, l'adjectif psychosomatique devenant superflu avec ou sans trait d'union [1]. Mais le corps a été divisé : le soma a été monopolisé par une médecine et une chirurgie obéissant aux lois scientifiques de la causalité, tandis que la psyché, en partie délaissée par la philosophie et la théologie, était accaparée par une psychologie qui ne lui a jamais fourni l'accès à une science auquel elle prétendait.

Si la pratique clinique nous montre que la souffrance d'un individu peut s'exprimer de trois façons indissociables – le verbe, le comportement et le soma –, les spécialistes ont oublié ce langage global pour se partager, par une sorte de *gentlemen agreement,* des zones d'influence qui ont conduit à une atomisation de l'expression humaine. Pendant que le verbe a été déclaré langue officielle de la psyché, le soma a gardé le monopole de la pathologie organique et le comportement est resté dans un entre-deux, porte-parole tantôt d'une détresse psychologique, tantôt d'une souffrance somatique.

L'erreur dans laquelle se sont engagés médecins et psychologues est d'avoir voulu ignorer le langage polyglotte du corps en l'identifiant de façon exclusive soit au soma soit à la psyché. Or quand la dimension globaliste de l'humain souffrant est perdue, on peut arriver à des impossibilités de traitement, dues non seulement aux limites de nos connaissances, mais à la limitation imposée par le sectarisme de l'hyperspécialisation.

Les familles souffrant du péché de psychosomatique sont engagées, peut-être plus que toute autre, dans cette cécité culturelle, et rares sont celles qui consultent un psy, même quand le corps de leur malade ne veut rien comprendre d'un traitement chimique inefficace. C'est ainsi que des parents venus me consulter pour les cauchemars de leur enfant m'ont un jour signalé de manière toute naïve, et sous la pression de mes questions, que leur petit présentait actuellement une recrudescence de crises d'asthme incompréhensible, mais qu'ils ne m'en avaient pas parlé pour ne pas m'ennuyer avec ces problèmes... qui étaient du ressort de l'allergologue et du pédiatre.

Certes, les mentalités paraissent évoluer, et les échecs de la médecine traditionnelle y sont certainement pour quelque chose. Mais aujourd'hui encore, en cette fin de XXe siècle, la phrase « C'est psychosomatique ! » prend très souvent une allure péjorative chez certains somaticiens qui ont du mal à concevoir que leur échec thérapeutique puisse être guéri par des approches psychodynamiques. À l'inverse, admettre que des troubles dits psychosomatiques puissent être guéris par des modèles autres que ceux de la psychothérapie semble relever pour certains psys d'une conversion mystique quasiment délirante.

Nous en sommes là, et les familles empêtrées dans un entre-deux imposé par René Descartes et cultivé par le saucissonnage universitaire ne savent plus où situer leur culpabilité, hésitant à ne pas donner toutes ses chances à leur malade pour lequel la médecine ou la chirurgie reste impuissante mais craignant, en allant voir un psy, de reconnaître avec honte que le péché vient de l'âme et engage la culpabilité du groupe familial ou de l'un de ses membres.

« Elle s'appelle " Le Mois où naquit le Prophète ", elle a douze ans, et elle n'est plus eczémateuse depuis deux ans... ». Ainsi commence l'observation que nous avons conduite avec Stéphane Bourcet [2] avec lequel nous menons actuellement un travail de recherche sur les relations entre la dynamique familiale et la psychosomatique. « Le Mois où naquit le Prophète », en vacances dans le Midi, a fait une nouvelle tentative de suicide. La première a eu lieu deux ans plus tôt, à Paris. Habituellement, l'adolescente est assez brillante au collège mais, depuis quelque temps, elle perd pied. Déjà, lors de la première tentative de suicide, le rapport clinique du confrère parisien contacté montrait que l'on avait affaire à un tableau clinique de type dépressif.

La mère de cette adolescente est une jeune femme de trente-cinq ans. Chose remarquable, le père de Madame a le même âge que le mari, soixante ans. Ce dernier a été marié une première fois et a trois enfants, dont l'aînée a l'âge de son épouse actuelle. Signalons, par ailleurs, que les trois filles issues du premier mariage de Monsieur sont eczémateuses et que « Le Mois où naquit le Prophète » l'a été aussi, du moins jusqu'à sa première tentative de suicide.

« Le Mois où naquit le Prophète » a un petit frère de

cinq ans, Patrick, et c'est l'adolescente qui a voulu cet enfant, car elle s'ennuyait. C'est elle aussi qui a choisi le prénom, en référence à celui de son meilleur camarade d'école. Dernière chose : le couple actuel est divorcé depuis deux ans, ce qui coïncide avec la disparition des crises d'eczéma et la première tentative de suicide. Cette situation, entre autres, va nous servir de guide pour approcher certains concepts propres à conduire les familles à soulager leur souffrance.

Où il est raconté comment la modification d'un contexte familial peut entraîner des perturbations biologiques chez les animaux et les hommes

Les praticiens n'ont pas attendu l'exemple clinique du « Mois où naquit le Prophète » pour constater, de manière empirique ou scientifique, l'existence de relations entre le corps et son environnement. Dans une étude très intéressante, Salvador Minuchin et Lester Baker [3] ont notamment montré que les émotions provoquées chez les parents d'adolescentes diabétiques pouvaient entraîner chez leurs filles des bouleversements biologiques, variables selon la place affective tenue au sein de la famille.

Deux adolescentes d'une même famille sont diabétiques : Dédée dix-sept ans, au diabète mal équilibré, et Violette douze ans, chez qui la stabilité de la glycémie semble faire pendant à l'instabilité de caractère. Les prises de sang effectuées sur les deux sœurs avant, pendant et après l'entretien familial doivent permettre de doser le taux d'acides gras libres en circulation (AGL), dont on sait que la concentration augmente après cinq à quinze minutes de stress émotionnel.

Or l'expérience menée montre que lorsque que les parents sont soumis à un questionnement qui les met mal à l'aise, la réactivité biologique des deux adolescentes n'est pas la même. En particulier, le taux d'AGL est plus élevé chez Dédée que chez Violette. L'observation du comportement des deux adolescentes montre qu'elles tiennent des rôles très différents dans cette famille. Dédée semble affectivement piégée entre ses parents, chacun cherchant son soutien dans le combat qu'il mène contre l'autre. En revanche, ni le père ni la mère ne semblent vouloir s'attirer la complicité de Violette qui paraît plus détachée du contexte familial. Cette différence de comportement se marque par une autre différence de réactivité biologique : au bout d'une heure trente d'entretien, le taux d'acides gras libres de Violette est retombé rapidement à son niveau le plus bas, tandis que celui de Dédée demeure élevé pendant l'heure et demie qui suit.

Une modification émotionnelle du milieu extérieur est donc susceptible d'entraîner chez l'individu une réaction biologique. Cela, de nombreux chercheurs l'ont mis en évidence à propos de plusieurs indicateurs sanguins, notamment pour le système immunitaire [4, 5]. Mais l'intérêt du travail de Baker et de Minuchin a été de montrer que l'importance de la réaction biochimique était certes fonction d'un terrain biologique particulier, à l'origine du diabète, mais qu'elle dépendait aussi de la place affective que l'adolescente occupait au sein de sa famille : l'instabilité du diabète de Dédée s'inscrit dans le déchirement de l'entre-deux parental, tandis que les troubles du comportement de Violette, en l'opposant à cette « inféodation », semblent la protéger de la fluctuation glycémique.

Toutefois, le raisonnement circulaire, enseigné par la pensée systémique, pourrait tout aussi bien conduire à affirmer que les « personnalités biochimiques » différentes ont mené à des rôles affectifs différents dans la dynamique familiale. Ainsi, l'inquiétude induite par les déséquilibres glycémiques de Dédée a pu inciter les parents à mettre cette enfant en « protection rapprochée », tandis que la relative stabilité du diabète chez Violette dispensait de ce type de tutelle, tout en favorisant le développement de troubles comportementaux pouvant se lire comme une réaction de jalousie à l'égard d'une sœur accaparant toute l'attention des parents. Cette seconde hypothèse, loin d'être invraisemblable, signifierait alors que la place affective de chacun dans une famille peut aussi dépendre de facteurs biologiques.

Allant dans ce sens, les études menées sur les animaux domestiques nous apprennent que face aux déséquilibres des familles d'accueil les biologies ne sont pas équivalentes. Ainsi, certains chiens traduisent leur désarroi en termes de comportement – par des agressions, des vocalisations intempestives ou encore des stéréotypies – tandis que d'autres, comme les bergers allemands, les boxers ou les dogues, semblent préférer une pathologie somatique – un côlon irritable ou une dyspepsie.

Certaines modalités réactionnelles sont toutefois difficiles à classer, et les plaies dermatologiques peuvent, par exemple, être dues à des stéréotypies de léchage, auquel cas il s'agit de troubles du comportement, ou à une véritable pathologie « psychosomatique » lorsque leur apparition n'est pas conditionnée par le traumatisme mécanique et répétitif de la stéréotypie [6]. En outre, les études vétérinaires montrent que la symptomatologie ne dépend pas uniquement de la susceptibilité biologique, mais aussi du type de relation que l'animal établit avec son environnement familial humain. Il faut donc faire preuve de la plus grande prudence dans l'établissement d'une relation causale : si la communication des chiens dits « psychosomatiques » passe par un contact physique pauvre avec leur maître, c'est peut-être parce que ces chiens « inhibés » ne réclament pas une présence physique très active de leurs gardiens ; à l'inverse, les troubles du comportement que présentent les animaux intégrés dans des relations très contenantes pourraient s'expliquer par le fait que les maîtres, soucieux d'endiguer agressivité et agitation, veillent constamment à les maintenir physiquement [7]. On voit bien, au travers de ces observations, que tout résultat doit être interprété avec beaucoup de précautions si on veut éviter, dans un raccourci simpliste, d'associer un type de relation familiale avec une modalité de réactivité particulière, comportementale ou psychosomatique.

En revanche, on sait aujourd'hui de façon certaine que le niveau d'anxiété ou d'apaisement d'un animal, domestique ou non, influence fortement son devenir somatique, notamment en cas d'agression bactérienne. L'utilisation des phéromones apaisantes du porc, substances naturelles mises en évidence par le groupe de recherche de Patrick Pageat [8], a montré de façon incontestable leur incidence sur la mortalité et la situation pondérale de porcelets atteints d'une infection pulmonaire grave : une seule stagnation pondérale a été observée chez les vingt-cinq porcelets vivant dans une ambiance apaisante phéromonale, tandis que trois décès, douze régressions pondérales et six stagnations étaient enregistrés chez les vingt-cinq autres porcelets ne bénéficiant pas de ce cadre tranquillisant.

À l'évidence, d'une façon générale chez le vivant, l'état du corps est un carrefour complexe où se croisent la biologie, la psychologie et l'environnement.

L'étude récente menée par Maggy Siméon et Paul Malvaux [9] a permis de distinguer deux formes d'obésité. La première est une forme plutôt chronique, lorsque différents membres d'une même famille présentent sur plusieurs générations un excès de poids : cette obésité de développement, qui représente 25 % des cas, se rattache généralement à une modalité particulière de structuration familiale appelée depuis Salvadore Minuchin « enchevêtrement ». Dans le second groupe, regroupant 75 % des cas d'obésité, on ne trouve pas de structure particulière familiale, mais une prise de poids importante dans l'année qui suit un événement personnel ou relationnel particulièrement marquant.

Les lecteurs qui m'ont fait l'honneur de me suivre jusqu'ici auront sans doute vu dans cette dernière forme de surcharge pondérale l'équivalent d'un symptôme tentant de venir au secours d'un équilibre familial rompu. Les mêmes lecteurs assidus ne manqueront pas alors de se poser la question suivante : on peut comprendre que certains types d'obésité surviennent brutalement à l'occasion d'une rupture de l'homéostasie familiale, mais comment expliquer que l'obésité de développement, dont la chronicité s'inscrit dans une structure familiale au long cours, fasse un jour l'objet d'une demande de consultation ? Autrement dit, pour quelles raisons une famille se décide-t-elle tout à coup à consulter, alors que la surcharge pondérale fait partie intégrante de la vie familiale depuis des mois, des années voire des générations ?

Le truisme qui vient immédiatement à l'esprit est que la famille consulte parce que l'obésité est devenue gênante, car elle a pris une signification différente de celle qu'elle avait jusque lors. La valeur d'un comportement ne dépend pas tant de son importance ou de sa durée que du sens que la famille lui accorde. Or ce regard familial peut se modifier brutalement, le jour où chaque membre se repositionne dans une dynamique familiale différente. C'est précisément une situation de crise qui, en permettant ce repositionnement, va donner d'une obésité jugée normale la vision dramatique d'un péché. En d'autres termes, la stabilité d'un comportement n'implique pas obligatoirement la permanence de son sens – ce qui sous-entend qu'un équilibre apparent peut parfois cacher le bouleversement structurel du système qui le supporte...

A priori, donc, et fort de ce qui vient d'être dit, lorsque l'un des 25 % de ces patients souffrant d'obésité au long cours vient consulter pour la première fois, la stabilité du syndrome ne doit pas leurrer sur la crise structurelle de l'organisation familiale. Si l'obésité jusque-là tolérée est devenue un problème, c'est qu'un bouleversement familial a imposé un nouveau regard : il y a donc de fortes chances pour que la famille qui vient aujourd'hui présenter une obésité apparue il y a plusieurs années soit en situation de crise. Dans ces conditions, il paraît vraisemblable que les familles enchevêtrées qui consultent sont des systèmes en crise dont l'enchevêtrement actuel est une accentuation d'un enchevêtrement habituel, type de fonctionnement quotidien du groupe concerné.

Où il est discuté de la responsabilité de l'environnement familial dans l'apparition d'une pathologie psychosomatique

Reprenons l'exemple de la famille de Mois où naquit le Prophète. L'adolescente est passée par deux stades pathologiques : le premier concerne le soma à travers l'eczéma ; le second s'est manifesté par une dépression avec tentative de suicide. Ces deux phases correspondent à des moments différents dans le cycle de vie de cette famille. L'atteinte psychosomatique, visible par la poussée eczémateuse, paraît coïncider avec un système familial pathologiquement enchevêtré, que Salvador Minuchin et Lester Baker caractérisent par « un degré élevé d'implication et d'attachement réciproques », remarquables dans « l'interdépendance relationnelle, l'intrusion dans les limites personnelles, une perception peu différenciée de soi et des autres membres de la famille et des frontières ténues entre sous-systèmes familiaux [3] ».

Illustrant cette définition, la famille du « Mois où naquit le Prophète » montre un père aussi âgé que le grand-père maternel, une demi-sœur qui a le même âge que la mère et un frère dont la conception et le prénom ont été décidés par la jeune fille. Tous ces éléments, ainsi que le regard posé par la place de chacun dans la famille, indiquent que les frontières familiales entre les générations sont floues, et l'absence de repères et l'interdépendance relationnelle sont suffisamment évocatrices pour que l'on puisse parler d'enchevêtrement, du moins jusqu'à ce que « Le Mois où naquit le Prophète » atteigne l'âge de dix ans. À partir de là, la disparition de l'eczéma est curieusement en rapport avec la rupture familiale, le nouveau regard relationnel et l'apparition de la dépression. C'est au moment où il y a séparation du couple que la pathologie de l'enfant change d'expression : on passe alors de l'eczéma à la dépression, c'est-à-dire de la sphère psychosomatique à une expression psychocomportementale. La question est dès lors de savoir si c'est la nouvelle forme familiale qui a permis cette nouvelle expression de la souffrance, ou bien la période de l'adolescence qui a ouvert l'accès à de nouvelles modalités de mentalisation.

Tous les pédiatres, en effet, signalent une moindre fréquence de la pathologie psychosomatique à l'adolescence. Sauf à évoquer une modification de la sensibilité cellulaire à cet âge, il faut bien considérer que cette moindre expression du corps puisse être tributaire des bouleversements familiaux remettant en cause la dynamique de l'enchevêtrement. À moins, toutefois, que cette nouvelle modalité expressive, la dépression, ne soit tributaire d'une nouvelle forme de métabolisation des conflits interpersonnels ou intrapsychiques. Il est donc indispensable d'aborder la part prise par la psychologie de l'individu dans l'apparition du péché familial de psychosomatique.

Où l'on voit comment le petit Maurice affirme sa personnalité en refusant de manger et combien ses parents vivent cela comme un péché honteux

Maurice, enfant unique, est âgé de trois ans lorsque nous le voyons pour la première fois, accompagné de son père et de sa mère. Ceux-ci font face depuis plusieurs mois à un refus alimentaire. Si le refus alimentaire de Maurice les a toujours agacés, maintenant il les angoisse car le corps de l'enfant se met peu à peu à parler le langage de l'anorexie. De plus en plus inquiets, ils viennent aujourd'hui consulter, car non seulement leur fils ne grossit plus, mais il dort mal.

Ce passage progressif, en quelques mois, d'un problème psychocomportemental sans traduction somatique, à la maigreur de plus en plus apparente de l'enfant prouve, une fois de plus, que la ligne de partage entre psyché et soma est difficilement définissable. Les incidents de frontières sont nombreux, et nous allons d'abord tenter d'en cerner quelques-uns.

Pour le petit Maurice, tout a commencé vraisemblablement par un refus alimentaire banal, un de ces refus qui servent le champ d'affirmation nécessaire à la structuration de la personnalité. Pratiquement, toutes les mamans ont connu la tête qui se tourne à la présentation de la cuillère, les lèvres serrées et le grognement de refus. La plupart du temps, cette étape est dépassée, mais il arrive aussi que le bras de fer alimentaire rencontre l'angoisse des parents en raison d'une histoire familiale qui transforme le refus de manger en affaire d'État. À ce stade, la montée des enchères imprime à la lutte autour de la nourriture la direction d'un véritable comportement anorectique avec les conséquences somatiques que l'on connaît : si au début des hostilités le refus alimentaire reste cantonné chez l'enfant à une expression psychocomportementale, il convoque bien vite la psychosomatique par l'amaigrissement qu'il occasionne.

Il ne faut pas non plus négliger le fait qu'une partie au moins de l'angoisse familiale peut se lire non comme la cause mais comme la conséquence de l'amaigrissement, pouvant lui-même secondairement entraîner chez l'enfant des répercussions psychologiques. Les thérapeutes qui sont confrontés avec ces syndromes alimentaires chez les adolescentes savent bien qu'à partir d'un certain poids, la tonalité psychologique de la relation change brusquement : le discours devient plus lointain, désincarné, comme si les choses n'avaient plus d'importance et la mort était déjà là.

À l'inverse, quand l'anorectique se remet à grossir, il y a à partir d'un certain poids, variable selon les individus, brutalement un discours différent, plus présent, vivant, comme si le sujet avait réintégré son corps. Il est difficile d'affirmer que la modification du psychisme est à l'origine de cette nouvelle qualité de la relation, car elle survient de façon différée par rapport au début de l'augmentation de poids. Pourtant, il est tout aussi hasardeux de dire que le mieux-être ne relève que d'une augmentation de poids.

Dans cet imbroglio entre le soma et la psyché, Salvador Minuchin a proposé de faire une distinction entre les troubles psychosomatiques primaires et secondaires[10]. Pour les premiers, l'élément psychosomatique consiste dans l'exacerbation émotionnelle d'un dysfonctionnement biologique basal, comme c'est le cas pour l'asthme ou le diabète par exemple. Dans le second cas, au contraire, on ne peut repérer aucune prédisposition ou altération physiopathologique, et l'élément psychosomatique est alors authentifié dans la transformation des conflits émotifs en symptômes somatiques. Si l'on suit cette nomenclature, Maurice se situerait dans le second groupe, puisque cet enfant n'a *a priori* aucune prédisposition organique à l'amaigrissement et semble uniquement pris dans un conflit relationnel avec ses parents. À l'inverse, « Le Mois où naquit le Prophète » dont les trois demi-sœurs sont atteintes d'eczéma illustrerait le premier type de troubles psychosomatiques par la présence d'un dysfonctionnement biologique basal lié à une susceptibilité cellulaire particulière dont le gène serait porté par la lignée paternelle.

En tout état de cause, pour que les conflits familiaux puissent trouver une matérialisation somatique, il semblerait néanmoins que le préalable d'un dysfonctionnement biologique de base chez un individu soit indispensable. Mais le problème reste entier, car personne à ce jour n'a pu donner la définition et le niveau de cette dysfonction. Aujourd'hui, les cancérologues parlent de personnalité cellulaire, ce qui veut dire que des cancers apparemment de même nature histologique peuvent, à traitement égal, avoir une évolution différente, en fonction d'une susceptibilité cellulaire plus ou moins réceptive aux agents chimiques. Cette personnalité cellulaire dépendrait elle-même de l'état psychologique du patient et de son environnement familial. Comme ces notions soulèvent aujourd'hui le problème, insurmontable, du niveau de responsabilité des différents facteurs, la vulgate scientifique s'en sort généralement en disant de façon laconique : « L'éclosion d'une maladie somatique ne peut se concevoir aujourd'hui que sous l'angle de la multifactorialité. »

Léon Kreisler [11] a tenté d'échapper à ce flou en reprécisant que « le champ psychosomatique recouvre les maladies physiques dont le déterminisme et l'évolution reconnaissent le rôle prévalent de facteurs psychologiques ou conflictuels ». Parler du rôle prévalent des facteurs psychologiques ou conflictuels implique l'idée d'un diagnostic *a fortiori* basé sur l'évolution du trouble après tel ou tel type de traitement, qu'il soit de nature psychothérapique ou « somatothérapique ». Mais poser la question en ces termes, c'est faire d'une maladie un bloc monolithique qui trouverait son étiologie dans un pôle dominant, psychique ou somatique. C'est faire peu de cas de l'évolution de la maladie et du malade, qui peut passer par des phases somatiques ou, au contraire, psychiques.

Par exemple, si l'on étudie le problème des crises d'asthme, il est clair que la participation de la psyché joue un rôle important dans l'éclosion des crises. Mais dire que le déterminisme est fondamentalement du côté du psychique serait méconnaître la maladie comme appartenant au vivant avec des modifications possibles au cours de son cycle. Ainsi, au moment de la pollinisation, il est clair que le facteur organique l'emporte sur le déterminant psychologique. À d'autres moments, au contraire, c'est la psyché qui imposera son diktat. Vouloir établir la prééminence d'un des deux facteurs sur l'autre, même dans une pathologie où il y a lésion d'organe, revient à commettre un outrage de plus à la réalité du vivant.

L'histoire du petit Maurice montre que le type de raisonnement fixiste qui prendrait appui sur l'ici et maintenant, pour faire une recherche causale sur la psychosomatique, méconnaîtrait la complexité introduite par l'évolutivité des modes d'expression de l'âme et du corps. La souffrance psychosomatique d'un individu doit être resituée dans une évolution où le temps qui s'écoule distribue les rôles de la biologie, de la psychologie et de la dynamique familiale dans le scénario de la responsabilité. La place familiale du petit Maurice de dix-huit mois affirmant son altérité à travers un refus alimentaire normal n'est pas, à l'évidence, de même nature que celle de l'enfant de trois ans inscrivant son anorexie dans une problématique familiale de plus en plus douloureuse.

Où il s'agit de faire en sorte que la famille de Maurice règle son péché en utilisant ses propres compétences au lieu de reproduire un comportement dicté par des normes sociales

Lorsqu'un confrère me demande de voir le petit Maurice, je sais que nous allons être confrontés, avec la famille, à un problème urgent : l'amaigrissement de l'enfant. Face à cette situation, c'est toute la problématique du changement qui va se poser : faut-il que la famille modifie son comportement pour entraîner la disparition du problème ou qu'elle change de regard sur le problème ? Les comportements anorectiques ne nous laissent souvent guère le luxe d'opter pour telle ou telle option thérapeutique et, en général, l'urgence impose l'exploration simultanée des deux voies différentes.

Pour ce premier entretien, je reçois donc l'ensemble du groupe familial, y compris le petit Maurice qui joue et explore mon bureau comme tout enfant de trois ans. L'enjeu de cette première rencontre est de permettre à la famille de commencer une nouvelle mise en sens, en exprimant ses intuitions sur l'origine du problème – le pourquoi – et, aussi, de favoriser l'exploration du comportement adopté par les parents face au refus alimentaire du petit – le comment. Tout le monde aura compris que faire parler de la cause vise à modifier, à plus ou moins long terme, le monde des représentations, tandis qu'évoquer l'attitude parentale au moment des repas est davantage destiné à établir une stratégie de l'urgence par des prescriptions propres à changer les comportements.

Avec la famille de Maurice, la première difficulté, rencontrée dès le début de l'entretien, tient au fait que les parents semblent réciter une leçon apprise au cours des deux tentatives de prise en charge qui ont précédé notre rencontre. Il nous faut alors utiliser ce que les thérapeutes familiaux nomment le « commérage organisé » ou encore le « questionnement croisé » [12], dans le but de faire porter à l'un des parents la responsabilité non pas de ses dires, mais des dires de l'autre, en sa présence bien évidemment. Concrètement, un commérage organisé se met en place à partir du moment où l'on passe du « Que pensez-vous de... » au « Que pensez-vous que l'autre pense de... ». Ce type de questionnement, moins habituel, suscite généralement un échange plus créatif qu'un questionnement direct auquel les individus répondent souvent de façon stéréotypée, sans originalité, et permet plus facilement de faire sortir le regard familial des sentiers battus.

Je me souviens ainsi d'un nourrisson vomisseur, que les pédiatres avaient été contraint d'hospitaliser en raison de régurgitations intempestives qui faisaient craindre une situation somatique de plus en plus précaire. Ces vomissements ne se produisaient qu'en présence de la mère qui, abandonnée par son mari depuis peu, comblait sa détresse en se rendant tous les jours chez une de ses amies qui avait un nourrisson du même âge que le sien. Lors de l'entretien qui s'était déroulé en présence de l'enfant, la jeune femme avait ajouté qu'elle prenait souvent dans ses bras l'autre bébé, plus jovial, car il semblait, lui, avoir besoin d'elle. Lorsque j'ai demandé à cette femme d'imaginer ce que son enfant me dirait si je l'interrogeais sur la façon dont il vivait ces journées, elle a semblé en proie à un séisme affectif. Reportant son regard sur le petit, elle a paru se mettre à sa place avec empathie et m'a répondu : « Il serait sans doute jaloux que moi, sa mère, je m'occupe d'un autre enfant. » Depuis, l'enfant n'a plus vomi, peut-être en raison de la modification du comportement de sa mère, que d'autres entretiens sont encore venus renforcer. Mais cet exemple montre assez le poids d'une réponse inhabituelle, capable de provoquer des guérisons que des kilogrammes de médicaments ne parviendront jamais à obtenir.

À côté de cet exemple, la situation de Maurice paraît plus complexe, en tout cas moins réactionnelle, car fixée par dix-huit mois d'histoire. Aussi serait-il illusoire de penser que le travail de mise en sens, entamé au cours du premier entretien, portera ses fruits immédiatement. Pour autant l'amaigrissement de l'enfant crée une situation d'urgence et il importe que la famille puisse mettre rapidement en place une stratégie propre à endiguer la chute pondérale, en faisant jouer les compétences des uns et des autres.

La situation des repas dans cette famille paraît dantesque. Les parents, soucieux de maintenir des « repas de famille », en arrivent systématiquement à se disputer, l'un jugeant l'autre trop brutal et l'autre jugeant l'un trop laxiste. Au bout d'une heure d'entretien, nous admettons tous qu'une stratégie, pour être décrétée bonne ou mauvaise, doit pouvoir être appliquée pendant un certain temps sans qu'on se déchire autour de ses options... Le rêve du repas de famille idéal n'étant peut-être pas d'actualité, il vaudrait peut-être mieux, compte tenu des disputes, que l'un des parents puisse donner à manger à l'enfant en l'absence de l'autre. Tout le monde en convient, et la mère demande à son mari de s'en occuper pendant qu'elle vaquera à d'autres occupations.

La semaine suivante, le couple revient, souriant : l'enfant ne perd plus de poids et s'est mis à manger avec son père. Mais restons humble, car il a fallu ensuite un travail de six mois de mise en sens du symptôme, l'entrée de l'enfant à l'école et l'annonce d'une nouvelle grossesse pour que la famille se remette à prendre ses repas « comme une famille normale ». L'histoire de Maurice et sa famille nous aura montré que si les petits enfants parlent couramment le psychosomatique, ce sont bien les désarrois familiaux qui en font un péché.

Où il est question de pensée opératoire, de dépression essentielle et du regard de la famille sur son péché

Les petits enfants ne parlent pas. Schématiquement, les concepts dont ils disposent seraient trop limités pour leur permettre de décrire leurs états d'âme ou d'exprimer leur niveau d'anxiété. Il y aurait donc, en quelque sorte, au cours de leur développement, un passage obligé par une « pensée opératoire normale » interdisant tout transport des émotions autrement que par la voie du comportement ou des organes.

Mise en avant dans les années 1960 par les travaux de l'Institut de psychanalyse de Paris, cette forme de pensée était censée rendre compte du niveau de mentalisation d'un individu souffrant de troubles psychosomatiques. Par « pensée opératoire », P. Marty, M. de M'uzan et C. David entendaient une certaine pauvreté de l'imaginaire, des capacités de symbolisation limitées et des difficultés à décoder et à exprimer les émotions [13].

Certes, l'étude du développement de l'enfant montre que celui-ci passe par des stades où il lui est impossible de métaboliser ses angoisses existentielles autrement que par le soma. Nous connaissons tous la propension qu'ont les petits enfants à parler avec leur corps. Depuis les coliques idiopathiques du premier trimestre jusqu'aux agitations psychomotrices des premières années, les cliniciens, et les parents, savent que l'enfant, après tout, réagit avec les moyens que son ontogenèse lui offre. Et René Spitz a d'ailleurs indiqué que la guérison à l'âge de trois mois des coliques idiopathiques du nourrisson était due à l'apparition de moyens psychiques nouvellement différenciés mis à la disposition de l'enfant [14]. Dans le même ordre d'idée, dans une communication récente, Charles Baddoura, professeur de psychiatrie à Beyrouth, a signalé que le mode de réaction privilégié du petit enfant face à l'anxiété inhérente aux situations de guerre prenait le plus souvent la voie de la psychosomatique [15].

Toutefois, ce parallélisme avec le concept de pensée opératoire chez l'adulte souffrant de pathologie psychosomatique n'est pas véritablement tenable dans la mesure où chez le jeune enfant, le langage du corps peut constituer une modalité réactionnelle normale, en dehors de tout mécanisme psychopathologique.

Par ailleurs, les travaux de l'Institut de psychanalyse de Paris ont introduit un autre concept, celui de dépression essentielle [16]. Pierre Marty écrit ainsi : « La dépression essentielle est impossible à percevoir si l'on ignore son existence, en raison même de l'absence de symptomatologie mentale qui la caractérise. Chez nombre de sujets, elle n'apparaît pas à l'état pur mais se laisse deviner par les blancs de la relation tout comme l'aspect mal organisé, voire lacunaire, des éléments dépressifs qui parviennent malgré tout à se dire. Un mouvement de dépression essentielle paraît être à l'origine de toute manifestation somatique. Mais celui-ci peut revêtir une ampleur variable selon les individus et, chez le même individu, selon les moments de sa vie. De ce fait, contrairement à une opinion couramment admise, aucun sujet, si bien mentalisé soit-il, n'est à l'abri d'un éventuel mouvement de désorganisation somatique consécutif à un épisode de dépression essentielle. »

Le mouvement introduit par cet instant de « dépression essentielle » sonne le glas du fixisme imposé par la « pensée opératoire » et sa sœur anglo-saxonne « l'alexithymie »[17]. Par ces deux concepts, l'approche était restée dans une description fixiste qui, comme le souligne Robert Dantzer, n'a jamais été objectivement validée[18]. En revanche, la dépression essentielle fait de la psychosomatique une relation évolutive entre un psychisme et un milieu de vie susceptible de l'influencer. En clair, alors que la pensée opératoire enferme l'individu dans un fatalisme outrageusement ignorant de toutes les possibilités évolutives de ce même individu, la dépression essentielle lui laisse l'espérance d'une guérison.

S'il est vrai que ce dernier concept n'explique rien, sa valeur tient en ce qu'il permet de susciter l'explicatif et la créativité, en donnant aux familles l'explication d'un avoir susceptible de disparaître, contrairement à la pensée opératoire ou à l'alexithymie qui, elles, marient à vie l'individu et sa maladie. C'est une chose pour une famille de dire : « Notre péché est dû à un moment de dépression chez notre enfant ; si nous parvenons à la guérir, notre souffrance disparaîtra ou s'amenuisera » ; c'en est une autre de devoir constater : « Vous savez, cette maladie, quoi que l'on fasse, notre enfant l'aura toujours, car nous avons appris qu'il avait une pensée opératoire et que la psychosomatique était la seule façon qu'il avait de s'exprimer. » Une famille qui parlerait ainsi pourrait être taxée de résistance au changement, mais peut-être faut-il dépasser cette approximation douteuse pour aider ladite famille à instaurer ce qu'il est convenu d'appeler une métacommunication.

Où il est question de métacommunication comme possibilité pour un enfant de sortir avec sa famille du péché de psychosomatique

Dans ses travaux, Patrick Pageat a établi pour le chien une distinction entre trois formes d'anxiété : la paroxystique, l'intermittente et la permanente [6]. Alors que l'anxiété paroxystique est une modalité d'expression particulière, peu évolutive et très fortement dépendante de facteurs génétiques, les anxiétés intermittentes et permanentes semblent se situer dans un continuum évolutif, puisque 70 % des premières évoluent vers une forme permanente. Deux types de manifestations somatiques les caractérisent : des phénomènes transitoires, que l'on trouve d'ailleurs dans toutes les anxiétés humaines – troubles digestifs, troubles cardiorespiratoires, mictions, sécrétion salivaire exagérée – ; des atteintes somatiques durables, qui sont les conséquences de manifestations comportementales, appelées activités substitutives, et qui surviennent quand l'animal ne peut s'échapper d'un contexte stressant.

Si les activités substitutives et leur cortège de troubles somatiques apparaissent dans « un contexte conflictuel qui interdit l'exécution de réponses adaptatives [6] », c'est que les animaux de compagnie, n'ayant pas accès au contenu sémantique de la communication, restent en prise directe avec les émotions violentes suscitées par les modifications sensorielles de l'environnement et, en particulier, de leur famille d'accueil. Les analyses éthologiques d'une consultation vétérinaire conduites avec Claude Béata et Boris Cyrulnik [19] ont notamment permis d'observer la manière dont les maîtres créaient un véritable champ sensoriel qui déclenchait une réaction chez le chien par le biais d'une contagion émotive. Directement affecté par l'état émotionnel de la famille humaine, l'animal n'a d'autres possibilités que d'aboyer ou de s'agiter. Mais si cette situation se prolonge, le confinement de l'animal dans une petite pièce d'où il lui est interdit de s'échapper risque de le conduire à des activités stéréotypées de léchage, avec des lésions dermiques se surinfectant secondairement. C'est l'impossibilité pour le chien d'avoir une réponse adaptée à la situation de stress, en fuyant par exemple, qui le conduit à l'activité substitutive de léchage.

C'est à ce point de rupture où l'adaptatibilité de l'animal face aux situations de stress est mise à l'épreuve que pourrait se faire une des lignes de partage entre animalité et humanité. Chez l'homme, les voies possibles de l'adaptation à une situation de stress restent la mentalisation, la verbalisation, les modifications comportementales ou la somatisation. Chez l'animal, rien ne dit que les voies de l'adaptation ne puissent pas être multiples, tout en étant d'un niveau de complexité différent. Mais, en l'état de nos connaissances, limitées peut-être par un anthropomorphisme têtu, nous pouvons simplement dire que lorsque les capacités d'adaptabilité d'un animal sont dépassées des troubles peuvent apparaître tant dans la sphère comportementale que « psychosomatique ».

Parce qu'il est doué de parole, l'être humain peut quitter ses sens pour construire du sens, se donnant ainsi une liberté que l'animal n'a pas. Le chien, lui, semble soumis à l'immédiateté des contraintes extérieures, un peu comme le nourrisson, mais plus du tout comme le grand enfant qui est capable de quitter la proximité du sensoriel par la distance du langage. Nous sommes tous psychosomatiques par nature. En cela, comme chez l'animal, les régulations par l'expression comportementale ou somatique sont les premières à se manifester. Mais l'émergence progressive de la pensée chez l'enfant va permettre, peu à peu, à l'expression psychique d'occuper le devant de la scène, sans pour autant abandonner le corps. Autrement dit, alors que l'humain invente un monde qui peut échapper à l'immédiateté des stimulations, le chien, tout comme le nouveau-né et le très jeune enfant, reste en grande partie prisonnier de sa sensorialité.

Or il peut arriver que le croisement avec l'Autre se fasse sur un fond d'ambivalence génératrice d'anxiété. Ainsi, lorsque je gronde mon enfant, je peux le faire d'une façon congruente, c'est-à-dire de telle sorte que toutes mes instances de communication verbales et non verbales soient en accord. Mais je peux le faire aussi en esquissant involontairement un sourire. Dans ce cas, l'ambivalence contenue dans ce message contradictoire crée une sensorialité d'essence paradoxale où l'enfant ne peut plus se comporter paisiblement ni s'adapter de manière cohérente : ma représentation équivoque de la punition, héritée en grande partie de mon histoire, a créé un champ affectif ambivalent qui peut troubler le comportement ou le corps de mon enfant. Si j'ai été maltraité dans mon enfance, j'éprouverai peut-être une grande culpabilité à poser un interdit face à mon enfant, même si je suis persuadé que cet interdit est indispensable à son éducation. Ceci expliquant cela, on voit que l'ambivalence, qui naît de la rencontre de mon vécu familial passé et de mes désirs présents, reste susceptible de créer une situation de confusion chez l'enfant, en formulant verbalement, par exemple, un interdit que le sourire discret de mes commissures labiales dénoncera.

Si ses capacités psychiques le rendent suffisamment apte à mettre une distance par rapport à sa sensorialité, l'enfant pourra se dire : « J'ai bien senti que le message de mon père était paradoxal et reflétait la difficulté qu'il avait à me sanctionner. » Mais si ce n'est pas le cas, si l'enfant en reste, pour une raison ontogénétique ou pathologique, à cette forme de sensorialité ambivalente, et si ce type de messages se reproduit pour devenir une modalité de communication habituelle, il risque de se trouver englué dans un discours paradoxal qui va devenir angoissant et « confusogène ».

La capacité que l'enfant a de critiquer la valeur du message parental et qui dépend en partie de son âge est appelée métacommunication. Cette capacité est définie de façon plus générale par Jacques Miermont qui écrit : « Chez les organismes supérieurs, tout système de communication comporte des " métasystèmes " composés de hiérarchie de signaux et de messages qui communiquent sur la communication, ou à propos de la communication [12]. »

Où il est montré qu'une famille peut parvenir à se désenchevêtrer en permettant à ses membres de métacommuniquer

Si on revient aux familles enchevêtrées « minuchiniennes », on peut se demander si ce type de famille ne possède pas une propension particulière à bloquer la métacommunication, en créant une gangue groupale empêchant toute distance métacommunicative qui risquerait de mettre en danger l'intégrité du groupe. Pour développer cette idée, on peut s'appuyer sur les travaux de Murray Bowen portant sur la capacité des individus à distinguer ce qui relève du sentiment et de la pensée intellectuelle [20]. Selon cet auteur, en effet, les individus qui sont les plus aptes à distinguer entre les sentiments et l'intellect, ou qui présentent le plus grand degré de différenciation de soi, font preuve d'une souplesse et d'une adaptabilité plus grandes face aux tensions existentielles.

En ne permettant pas cette différenciation de l'individu, certaines familles vont le maintenir dans un état psychiquement fœtal, où règne la plus grande confusion entre des modalités psychiques relevant de niveaux communicatif et logique différents, comme le système émotif et intellectuel. Chez d'autres, en revanche, qui possèdent une capacité maturative à l'égard de leurs membres, le développement pourra se faire par le biais de la métacommunication, l'individu parvenant au bout du compte à s'extraire intellectuellement des émotions créées par l'immédiate sensorialité. Dans ces conditions, métacommuniquer devient le corollaire de l'identité de la personne qui dispose de la capacité de discourir et de s'extraire d'un émotivo-sensoriel qui amalgame au groupe familial et à son mode de fonctionnement.

C'est l'absence de ce système qui, en n'autorisant plus une frontière nette entre l'émotionnel et l'intellectuel, pourrait rendre compte de cette qualité relationnelle particulière ressentie au contact d'un patient « psychosomatique » : l'énoncé de choses affectivement différentes avec la même intensité émotive. Cette indifférence a été bien souligné par Pierre Marty chez les asthmatiques et les eczémateux psychosomatiques, gens « indifféremment aimables avec tous, mais dont la relation est " blanche ", c'est-à-dire sans modulations par des affects négatifs ; si un conflit surgit, ils le nient en se " retirant " dans des modes primaires de satisfaction narcissique, de type onirique, mais leurs rêves eux-mêmes ne peuvent symboliser des conflits non assumés : leur élaboration symbolique est d'ailleurs pauvre [16] ». Sans pour autant établir un rapport de causalité linéaire, le lien entre la dynamique relationnelle familiale et la psychodynamique individuelle pourrait se faire de cette manière, et la situation se résumerait ainsi : la gangue de l'enchevêtrement ne permet pas à l'individu d'accéder à une identité satisfaisante, ce qui crée chez lui une confusion entre ses émotions et ses capacités réflexives ; or cette confusion empêche toute critique métacommunicative ; dès lors, l'individu est soumis aux influences directes sensorielles de son écosystème, sans pouvoir s'en échapper sinon par le langage du corps.

Ce jour-là arrive en consultation tout le désespoir d'une famille, porté par un petit garçon de neuf ans que de violentes crises d'asthme répetées conduisent fréquemment à l'hôpital. Cette famille s'est résignée, bien malgré elle, à une consultation « psy », sous la pression d'un pédiatre angoissé par l'échec de ses différentes thérapies. L'aîné des enfants, présent à la première consultation, est âgé de quinze ans et pourrait être décrit comme un garçon secret, introverti, s'exprimant peu. « Mais ne vous y trompez pas, précise la mère, il est comme ça parce qu'il ne vous connaît pas. Si vous le voyiez à la maison se disputer avec ses... son frère... Vous vous feriez une tout autre idée de lui. » Ce *lapsus linguae* est révélateur du niveau d'enchevêtrement de cette famille, qui compte deux enfants mais trois fils : un peu plus tard, au cours de l'entretien, et sur le mode de l'humour, la mère m'expliquera qu'elle ne peut pas compter sur son mari pour faire respecter la loi, parce qu'en vérité, elle a trois enfants à la maison. Et elle ajoutera qu'elle est depuis toujours obligée de dormir dans la même chambre que Julien – le petit asthmatique – à cause de ses crises d'asthme, tandis que son mari, lui, partage sa chambre avec Robert – l'aîné des enfants. Rien ne semble donc lier intimement ce couple, qui a une existence toute sociale. En outre, le niveau de verbalisation de l'ensemble du groupe familial est pauvre, et les trois enfants – ce n'est pas un *lapsus calami* – paraissent essentiellement communiquer au travers de chamailleries incessantes qui, jointes aux crises d'asthme de Julien, « occupent » les journées d'une mère subdépressive.

Comme pour le petit Maurice, l'enjeu est ici double : faire parler, et tenter de pallier une urgence que, naïvement, je situe dans l'immédiateté d'une restauration des relations conjugales. Mais, contrairement à la famille de Maurice, le groupe familial de Julien présente une haute densité émotionnelle, et de faibles capacités de représentations. Sans doute angoissé par le caractère impressionnant des crises d'asthme de Julien décrites par le pédiatre, je fais en sorte de proposer à la fin de la première consultation une prescription propre à susciter la métacommunication autour de la relation de couple : je fais sortir les deux enfants, et je demande au couple, pour m'aider à y voir plus clair, de prendre une soirée et de sortir ensemble sans avertir les enfants de leur destination, ce qu'ils n'ont jamais fait.

La semaine suivante je vois arriver la famille dans une situation identique, sinon pire. La recrudescence des crises de Julien a empêché le couple de suivre la prescription de sortie. « Vous voyez bien, conclut la mère, comment voulez-vous que l'on fasse, avec toutes ces crises... » Il est des familles à qui il faut laisser le temps, car l'urgence de la crise du corps bouscule souvent la crise du sens.

Où il est raconté que, en cas d'impossibilité du travail avec le père, les systèmes de métacommunication peuvent être tentés avec des groupes de pairs

Au moment où je reçois sa famille, Gaspard est un adolescent de douze ans, qui a perdu son père en bas âge et qui vit avec sa mère qui, elle, est redevenue la fille de sa mère. Ce qui veut dire que la grand-mère maternelle vit, depuis la disparition du mari, entre ce couple mère-fils et semble jouer, vis-à-vis de l'adolescent en tout cas, le rôle du père disparu. Gaspard souffre de céphalées atroces et de cauchemars quotidiens, et les deux précédentes tentatives de prise en charge thérapeutique n'y ont rien changé. Il y a maintenant deux ans que nous travaillons avec ce groupe familial. Les résultats auxquels nous sommes tous parvenus, en nous hâtant lentement, sont la disparition des cauchemars, des céphalées et, surtout, le désir, partagé par la famille, que Gaspard voie un thérapeute... homme.

Mais il y a des familles qu'il semble impossible de mobiliser, des familles qui n'ont jamais pu donner à leur enfant la richesse de la métacommunication. Ces jeunes que l'on pressent intelligents paraissent englués dans des dyades mère-enfant émotionnellement très fortes, excluant toute présence du père. Ce sont des enfants qui parlent peu par le verbe, mais agissent beaucoup par le comportement et le corps. Cette situation clinique rend parfaitement illusoire toute thérapie par une médiation verbale. En outre, l'absence affective du père, le plus souvent peu ou pas concerné par le devenir de l'enfant, fait que toute demande d'entretien familial prend les allures d'un véritable parcours du combattant – impossibilité de jour, d'horaires, voitures en panne, patron intransigeant sur les demandes de jour de congé, etc.

Pour ces enfants, ont été mis en place des groupes d'expression hebdomadaires entre pairs, et on demande à ce qui reste de la famille – en général, la mère – de venir une fois par mois pour rendre compte de l'évolution de la situation. Cette consultation familiale, très importante, permet de juger et de travailler d'éventuels processus de défenses propres à freiner l'évolution du jeune.

Le travail s'effectue dans un petit groupe de quatre ou cinq enfants du même âge et présentant une situation clinique similaire. Il s'agit pour le groupe d'écouter attentivement un morceau de musique avant de le dessiner. L'échange direct étant quasiment impossible chez ces enfants, le fait de dessiner le morceau de musique et de le raconter ensuite permet une expression à partir de supports sécurisants. En outre, l'enregistrement des séances par système vidéo renseigne sur la position de l'enfant dans le groupe, l'évolution de sa gestuelle, le temps mis pour faire le dessin, le temps d'expression verbale, le niveau de contact avec l'adulte, etc. Confrontés à l'analyse des dessins, tous ces items indiquent la façon dont évoluent ses capacités à quitter peu à peu le monde de la sensorialité immédiate pour aller à la rencontre de son imaginaire.

Où il est question d'une deuxième conclusion

Tenter d'appréhender la souffrance humaine dans une approche globaliste se heurte à une difficulté majeure bien résumée par Pierre Fedida [1] : « Ceux-là mêmes qui appellent de leurs vœux une approche synthétique de l'être humain (dans ses aspects tout à la fois somatiques et psychiques, comme on dit) négligent de reconnaître que la distinction entre le soma et la psyché relève d'un système de disjonctions qui se répercute jusque dans l'idéologie du savoir et dans l'institution (morale, juridique, sociale, professionnelle...) de ses pratiques et de ses techniques. En un mot, comment promouvoir une véritable psychosomatique, dès lors que celle-ci exigerait une réévaluation de la clinique médicale (cf. la notion de sémiologie) et surtout une réorganisation des fondements d'une théorie du corps et de l'organisme. » Pour être possible, cette réorganisation doit passer par un décentrage culturel imposant la reconnaissance d'une causalité non linéaire. La tâche n'est pas facile, car sortir du « c'est à cause de... que... » peut retirer au savoir médical ou psychologique une partie de sa valeur explicative et mettre ainsi en danger la prétention à une connaissance totale qui ferait de l'humain un pur esprit pour les uns et, pour les autres, un pur organe.

Depuis quelques années, toutefois, un nouveau clivage semble se mettre en place entre le médicament et le verbe. La part humaine de l'humain tend à être absorbée par une industrie pharmaceutique soucieuse de notre bien-être, les médecins réglant à coups de tranquillisants ou d'antidépresseurs des problèmes qui seraient du ressort de la théologie, de la philosophie ou qui demanderaient, tout simplement, un peu d'attention [21]. De plus en plus, le terme de psychosomatique est réservé, non pas à celui qui, ayant une affection, se voit prescrire des médicaments pour le corps et, aussi, pour l'esprit, mais à celui qui, malgré cette combinaison, ne guérit pas. Il ne s'agit plus de remettre en question la participation de la psyché sur l'atteinte du soma ou l'inverse : est psychosomatique celui qui, malgré cette prise en compte, ne réagit pas au traitement, qui ne veut pas guérir et qui, par conséquent, ne ressortit plus à la médecine ni, dans certains cas, à la psychologie.

Or, si nous nous tournons vers les concepts élémentaires de la théorie générale des systèmes, il est possible de comprendre pourquoi un malade peut « tenir » à sa maladie : par la place qu'elle a prise dans son écosystème. Voilà pourquoi la démarche consistant à vouloir guérir directement à tout prix est non seulement intenable, mais peut constituer une violence sur celui qui porte le sens de la maladie. Cela est encore plus vrai quand il s'agit d'enfants ou d'adolescents, car si le péché de psychosomatique est porté par un individu, c'est l'ensemble du groupe familial qui est concerné.

– 3 –

VIOLENCES

C'est dans l'espace privatif familial que se joue habituellement le jeu subtil du péché de violence, plus ou moins toléré par une certaine permissivité interne et dénoncé par un regard social plus ou moins défini par la loi. Lieu d'échanges et de consensus entre des valeurs héritées de l'histoire de ses membres et les critères du bain socioculturel ambiant, la famille, premier refuge de l'humain, peut aussi devenir son premier lieu de violence.

Certes, la question d'une violence fondamentale, soumise aux nécessités de la biologie, ne semble plus d'actualité pour l'homme occidental aujourd'hui : depuis quelques années déjà, *Homo Occidentalis* n'est plus contraint de mettre ses jours en danger pour sa survie physique. En revanche, il a été mis en demeure de chercher un autre sens à sa vie, tout aussi fondamental que l'impératif biologique. Quand la question de l'existence ne se pose plus en termes matériels, la logique du sang doit laisser place à une logique du sens dans la relation à autrui et au monde, sous peine de dérapages incontrôlés.

Ces dérapages de la violence semblent partager les

familles en deux groupes : celles dont le germe destructif reste longtemps enfoui avant de pousser au grand jour à la faveur d'une situation de crise, comme l'adolescence, et celles dont les modalités relationnelles se font habituellement dans la violence. Si la dynamique familiale est plus complexe dans la réalité clinique, c'est néanmoins aux marges de ces deux types de violence que se trouve la définition du péché : ici, une violence familiale permanente, paroxystique qui, un jour, consulte uniquement sous la contrainte plus ou moins forte d'une société aux limites de sa tolérance ; là, une famille déséquilibrée, déritualisée, culpabilisée, qui souffre d'une faute présumée, à l'origine du problème rencontré. Cette distinction est fondamentale, car elle va conditionner en grande partie le mode d'approche thérapeutique. En effet, travailler avec une famille souffrante n'est pas du même ordre que de répondre à une obligation de traitement.

Par-delà le cercle familial, la compréhension du péché de violence met inévitablement la culture à contribution. Celui-ci ne peut en effet se définir à partir d'un point unique, qui serait une hypothétique objectivation universelle de la violence. La plupart du temps, ce point unique n'existe pas, car il se meut entre la définition de l'acte de violence et le regard social et familial qui lui sont portés. Or si c'est bien le regard social qui crée l'effraction, il ne saurait, en revanche, exister de péché sans culpabilité familiale. Pour autant, l'opposition est plus subtile, car on imagine mal une culpabilité familiale venue uniquement d'une histoire intergénérationnelle sortie de son contexte culturel : pour qu'il y ait péché familial, il faut non seulement une norme sociale définissant la faute, mais le regard de culpabilité qu'une famille peut avoir sur le non-respect de cette norme.

Où il est dit la difficulté qu'il y a à définir le péché de violence

D'un point de vue étymologique, développé par Yves Michaud, puisque le terme de violence se réfère à l'usage de la force, « des formes de contrainte plus subtiles ou indirectes, comme la menace, la persuasion, la séduction, l'apprentissage par répétition, sont exclues de cette définition [1] ». Mais l'usure du temps recouvre souvent l'étymologie et transforme sa rigueur en concepts plus flous, parce que plus humains. Notre pratique clinique quotidienne nous oblige à prendre en compte la nuance, l'implicite, la complexité des relations et à sortir, ainsi, la violence du cadre exclusif de l'usage de la force physique. En ce qui nous concerne, donc, les comportements d'atteinte à l'autre sont parfois si subtils quant à leur message et si destructeurs quant à leurs conséquences que nous préférons la définition élargie proposée par Françoise Héritier qui englobe « toute contrainte de nature physique ou psychique susceptible d'entraîner la terreur, le déplacement, le malheur, la souffrance ou la mort d'un être animé [2] ».

Si cette dernière définition a l'avantage de montrer que la violence physique n'est qu'une infime partie des talents cachés dont peut faire preuve *Homo Sapiens*, elle ne résout rien, du moins en ce qui concerne le monde de la petite enfance et de la grande vieillesse. Qui peut parler peut dire la souffrance physique ou psychique qui lui est imposée. Mais un petit enfant ou un grand vieillard incapable de s'exprimer auront nécessairement un adulte pour porte-parole jugeant de la réalité ou non de la violence. Dès lors, non seulement il est pratiquement impossible d'objectiver une violence occulte, mais dangereux de qualifier de pécheresse une famille à partir d'actes isolés. Si pour certains dire non à un enfant constitue une opposition nécessaire à son épanouissement, d'autres peuvent y voir une opposition destructrice passible du qualificatif de maltraitance psychologique. Il y a de cela quelques années, certains pédiatres affirmaient qu'il fallait laisser pleurer un nourrisson pour éviter qu'il ne devienne capricieux. Des familles ont, pour le bien de l'enfant, suivi consciencieusement les préceptes de la Faculté sous le regard apitoyé d'autres familles qui jugeaient ce comportement barbare.

Dans le même ordre d'idées, un couple de grands-parents très inquiets est un jour venu me voir pour me signaler que leur fille et, surtout, leur gendre « leur paraissaient très durs vis-à-vis de leur petit-fils à qui ils refusaient toute sucrerie ». Avec leur accord, j'ai écrit à cette famille tortionnaire, pour lui proposer un rendez vous. Les parents sont venus, étonnés, et j'ai pu voir ce petit-fils qui n'avait pas du tout l'air maltraité. Pour les parents, en effet, le refus de sucreries s'expliquait par une hygiène de vie qu'ils étaient prêts à moduler dès la rentrée de l'enfant en maternelle « afin qu'il ne se sente pas exclu des autres enfants mangeurs de bonbons ». Hormis le fait reproché par les grands-parents, rien dans cette famille ne permettait de penser qu'elle reposait sur des transactions relationnelles violentes. En fin de compte, les grands-parents étaient surtout venus me parler de la « maltraitance » de leur petit-fils pour me confier leur désarroi de ne pas avoir l'enfant plus souvent près d'eux. J'ai compris ce jour-là que la lutte entre les générations pour la possession d'un enfant pouvait passer par des bonbons maltraitants.

Le péché familial de violence exige, au-delà de l'acte, une situation relationnelle particulière, et la méconnaissance de ces deux niveaux, ceux de l'acte et du système de fonctionnement familial, peut conduire à des conséquences très graves. Une famille accusée à tort de violence sur un enfant, entraînée dans le tourbillon des enquêtes, va se mettre, malgré elle, à développer une autre violence : celle de la mise en accusation du responsable de cette tourmente, à savoir l'enfant. Mais il peut arriver aussi qu'une famille utilise, dans une certaine mesure, la provocation d'un acte violent isolé pour demander une aide qu'elle n'a pu formuler autrement.

Où il est question de Max le provocateur

« Jamais je n'aurais cru cela de lui. En quelques semaines, il a changé du tout au tout. Lui, si calme et si gentil, il est devenu grossier... et violent avec nous. Un soir, il a tellement provoqué mon mari, que celui-ci lui a mis une gifle. Le lendemain, Max est allé se plaindre auprès de son professeur principal, disant que son père l'avait battu et qu'il était malheureux dans notre famille. Depuis, d'enquêtes en enquêtes, on s'est retrouvé chez le juge qui nous a dit qu'il ne ferait aucune poursuite et que, si nous le souhaitions, nous pouvions aller consulter. » Ainsi commence l'entretien avec la famille X., venue sur les conseils d'un juge pour enfants qui n'a pas cru bon de donner suite à cette gifle. Il a fallu néanmoins une enquête sociale pour lever la confusion faite entre le passage à l'acte isolé d'un père excédé et une famille en situation de péché mortel.

Max est un enfant adopté de douze ans. Il vient d'un pays lointain où l'on confondait hôpital et mouroir. Quand ses parents adoptifs sont allés l'acheter, Max n'était pas un enfant en bonne santé, mais la mère, passant outre, a eu « le coup de foudre pour ce gamin ». Max était alors un garçon chétif. Par la suite, il a été constamment malade, et sa famille s'est battue pour qu'il ait les meilleurs soins et la meilleure éducation possible. En retour, l'enfant était très sage et bon élève. Mais depuis, l'adolescent semble se révolter, multipliant les provocations et les violences essentiellement verbales. Jusqu'à la scène du fameux soir où le père, à bout, a empoigné son fils et l'a giflé.

Il est toujours extrêmement délicat de faire la part des responsabilités dans l'émergence brutale de la violence d'un adolescent. D'un côté, il y a la crise pubertaire avec sa propension à l'agir, résultant d'une difficulté ou d'une impossibilité de mentalisation ; de l'autre, des motivations familiales inconscientes qui peuvent susciter, à l'égard de l'adolescent, une agressivité liée au processus de deuil qu'il impose. Par sa crise, Max bouscule en effet le train-train d'une famille qui s'était habituée à avoir un enfant sans problèmes et obéissant. Quand la biologie de la puberté a imposé la violence de son changement, on ne peut que s'y soumettre, mais ce séisme entraîne des sentiments de destruction à l'égard de celui qui est porteur de la disparition d'un idéal familial, dans lequel tout le monde vivait depuis plus de dix ans.

Max est né dans un pays de guerre, et bien qu'il ait été adopté à l'âge de quelques mois, ses parents voient dans son comportement récent une sorte d'atavisme culturel – qu'ils subissent, d'ailleurs, avec un fatalisme emblématique de l'ambiance dépressive qui règne dans ce groupe familial. La famille semble figée dans une lecture du problème qui paralyse toute chance d'évolution. À chaque fois que je demande, sous des formes différentes, qui est Max, on me répond invariablement que c'était autrefois un garçon charmant, mais qu'il est devenu, depuis peu, violent et provocateur. À l'issue de cette première séance, il me semble impossible d'aider cette famille à délaisser cette vision d'un être chez qui la violence est quasi génétique, pour celle d'un adolescent, dont le comportement tente de dire quelque chose.

Bloqué par cette impossibilité, je décide de ne plus faire parler du péché de violence, mais des qualités de l'adolescent. Ce n'est qu'à la fin de la deuxième séance que la mère dira : « Max est quand même un gentil garçon... Parce que, quand je lui demande de faire travailler sa sœur, il le fait volontiers. » Il faut dire que la sœur de Max est une enfant handicapée dont les difficultés scolaires demandent de plus en plus d'attention et de disponibilité. En général, c'est la mère qui s'en occupe, mais cette femme, fatiguée et déprimée, traverse en ce moment une période pénible à cause de la maladie de sa propre mère. De Max, le père dira d'ailleurs un peu plus tard : « Moi, tout ce que je lui demande, c'est d'être sympa avec ma femme. Pour le reste, je comprends qu'il puisse passer un moment difficile. »

Comme Max semble incapable de refréner son agressivité et s'en trouve extrêmement culpabilisé, il ne semble pas opportun, pour l'instant, de parler d'un hypothétique arrêt de la violence, dont le seul effet serait de l'angoisser davantage et d'augmenter ses pulsions agressives. Le garçon est certes demandeur d'aide à titre individuel, mais celle-ci doit s'accompagner de quelques entretiens familiaux afin d'aider la famille dans son ensemble à soulager son actuelle douleur : il me paraît difficile, en l'état actuel, de prescrire une thérapie individuelle en laissant le reste de la famille affronter seule la maladie de la grand-mère, la dépression concomitante de sa fille, le handicap de la petite, les enquêtes sociales et la honte du père devant la justice.

Au terme du deuxième entretien, je propose donc à Max de voir une psychologue et de venir me voir pendant quelques séances avec l'ensemble de sa famille. J'ai par ailleurs demandé à l'adolescent de ne pas tenter de refréner pour l'instant sa violence, mais de donner une compensation témoignant de sa bonne volonté à en sortir à chaque fois que sa famille serait victime de ses débordements et, notamment, de soulager sa mère en aidant scolairement sa sœur handicapée.

Dans le cas précis de cette famille, la prescription pour désamorcer la violence s'est imposée parce qu'il n'a pas été possible de travailler immédiatement sur le sens du symptôme. Si le péché n'avait pas été figé dans une perspective génétique indépassable, si le groupe familial avait eu d'emblée une autre vision moins sclérosante, celle par exemple d'un comportement provocateur s'imprimant dans une dynamique relationnelle, il est probable que ce travail préliminaire n'aurait pas eu de raison d'être.

Où l'on parle d'une violence fondamentale, liée au vivant, et d'une violence destructrice, liée à la mort

Quand Jean Bergeret pose la question d'une violence humaine ontologique comme « fondement d'une véritable lutte pour la vie [3] », il ne fait que résumer l'opinion couramment admise qui postule l'existence d'une énergie d'adaptation vitale, génétiquement inscrite en tout être vivant. Lorsque l'on parle de violence fondamentale, on ne peut guère se tromper en affirmant l'existence d'un certain innéisme neurobiologique ; ce n'est que lorsqu'on aborde la question de la violence destructive que les esprits s'échauffent. On sait notamment que Konrad Lorenz a évoqué à ce sujet la possibilité d'un instinct fondamental agressif tandis que Nikolaas Tinbergen, lui, faisait de l'agressivité destructrice un raté de la violence fondamentale [4].

Sans vouloir entrer dans des polémiques qui ne sont pas l'objet de ce livre, ma pratique clinique me conduit néanmoins quotidiennement à rejoindre la position de Tinbergen quand, face à une famille atteinte du péché de violence, je suis amené à m'interroger sur les facteurs qui ont permis l'émergence de la destructivité et sur ceux qui vont participer à sa disparition. Ces facteurs passent par la compréhension de rituels familiaux, véritables digues dont les fissures accidentelles, liées à la solidité de la construction mais aussi aux coups du destin, peuvent laisser filtrer des actes de violence. Parfois, la rupture de ces digues laisse passer un véritable péché familial, et peu importe, du reste, que la pression soit exercée par une violence fondamentale qui deviendrait destructrice ou par une violence destructive qui serait inscrite génétiquement chez tout être humain.

La ritualisation chez les animaux représente un verrou

de sécurité nécessaire à la socialisation. Elle n'est pas seulement un phénomène de répétitions, qui aboutirait à des stéréotypes rigidifiant le comportement ; elle permet, notamment, la désolidarisation d'un segment de comportement de la totalité de la séquence. Dans l'exemple de l'attaque, les premières mesures vont ainsi indiquer s'il s'agit d'une véritable agression ou d'une simple menace, et ces séquences, en induisant la fuite ou la soumission de l'adversaire, vont s'intégrer en un véritable système de communication. De la même façon, plusieurs gestes de salut vont d'emblée établir la nature de la communication, hostile ou non, entre chimpanzés : quand deux singes se rencontrent, l'animal de rang inférieur tend le premier sa main ouverte à l'animal de rang supérieur, qui la prend en signe d'apaisement [5].

Chez l'homme, la ritualisation des rapports remplit toujours le même rôle, celui de lever l'ambiguïté du sens de la communication. Comme ceux des animaux, les rituels humains canalisent la violence en créant des signes qui prennent le sens d'une différenciation vitale pour ceux qui la partagent [6]. Mais ce système, cet « espace transitionnel » entre soi et l'autre, qui constitue un véritable code de reconnaissance, peut se trouver perturbé et, ainsi, entraîner par déritualisation une situation « anomique » avec, pour conséquence, l'émergence de la violence. Quand je ne reconnais plus l'autre parce qu'il a changé, il devient un étranger capable de me mettre en danger ; il suscite alors en moi un sentiment d'insécurité qui va brouiller à son tour mes propres messages d'apaisement. Imaginez-vous un instant visitant un quartier d'une ville inconnue : votre vision sera différente selon que l'on vous a décrit, ou non, au préalable l'insécurité qui y règne ; l'a priori sur la violence de ce quartier conditionnera votre comportement, et il est vraisemblable que le regard de ceux que vous croiserez dans la rue s'en trouvera changé. Quand Max, l'enfant sage, devient violent, il se produit la même chose : le garçon induit un sentiment d'étrangeté dans une famille qui ne le reconnaît plus et qui adopte à son égard des attitudes défensives qui bouleversent les rituels sécurisants. Le fait, par une prescription, de chercher à rétablir Max dans une place de « gentil garçon qui aide sa sœur à faire ses devoirs », tout en lui laissant ses impulsions agressives qu'il ne peut refréner, contribue à atténuer cette étrangeté : aveuglée par la violence d'un comportement nouvellement apparu, la famille peut désormais rétablir de nouveaux rituels sécurisants grâce à ce « Max gentil qui n'a jamais changé ».

Ce n'est pas un hasard si l'émergence brutale du péché de violence se manifeste surtout à l'adolescence et si cette situation est, en général, vécue avec une grande culpabilité par les membres de la famille. En effet, cette violence remet en question les qualités éducatives du couple et semble refléter les incertitudes identitaires d'un adolescent qui confond affirmation et opposition. Mais si ce péché éclate à ce moment de la vie, il semble néanmoins, très souvent avoir été préparé pendant les années précédant son éclosion, par une violence larvée et insidieuse, née de l'incompréhension des uns et des autres. C'est, du moins, ce que nous apprennent Adam, Ève et Héloïse.

Où il est question de la violence du contresens

« La femme vit que les fruits de l'arbre étaient bien jolis à regarder, qu'ils devaient être bons et qu'ils donnaient envie d'en manger pour acquérir un savoir plus étendu. Elle en prit un et en mangea. Puis elle en donna un à son mari, qui était avec elle, et il en mangea lui aussi. Alors ils se virent tous deux tels qu'ils étaient, et ils se rendirent compte qu'ils étaient nus. Ils arrachèrent ensemble des feuilles de figuier, et ils s'en firent chacun une sorte de pagne [7]. » Dans les jardins de l'Éden, la désobéissance de l'homme a peut-être créé le premier paradoxe de l'humanité : il faut s'opposer pour exister. En mangeant le fruit de l'arbre de la connaissance, il désobéit à Dieu et prend conscience de son altérité. Par son refus de la loi divine, l'homme apprend sa nudité et, par conséquent, sa différence à l'autre. En un sens, cette approche de la violence en termes d'altérité se retrouve chez Jean-Paul Sartre : autrui, qui, au début, est le même que moi, doit se démarquer de moi dans l'affrontement de nos désirs. Chacun veut ainsi posséder l'autre en tant que base ontologique de sa propre existence, mais l'autre doit surtout rester libre, c'est-à-dire capable d'opposition et non de soumission [8].

Héloïse a quatorze ans lorsqu'elle vient consulter pour la première fois de sa vie, avec ses parents. Ceux-ci sont choqués de l'agressivité croissante que leur fille manifeste à leur endroit et des brutalités physiques qu'elle fait subir à son petit frère. Certes, Héloïse n'a jamais eu un caractère facile, elle a toujours été soupe au lait, jalouse de tout et, en particulier, de son frère. Mais, jusqu'à ce jour, elle avait pour ses parents une qualité indéniable : elle travaillait bien au collège. Depuis peu, elle ne fiche plus rien : de première, elle a dégringolé à la cinquième place ! Bref, les parents s'inquiètent, et ce d'autant plus que la violence entre les deux adolescents – le frère a maintenant onze ans – est de moins en moins tolérable.

Je demande à Héloïse si elle veut bien que l'on discute ensemble sans ses parents, suivant en cela un protocole que je respecte habituellement lors de toute première consultation : les parents m'exposent le problème en présence de l'adolescent, puis celui-ci me donne son point de vue en l'absence des parents ; à la fin de la consultation, quand les parents entrent de nouveau dans mon bureau, je leur fais part de mes conclusions avec l'assentiment préalable de l'adolescent.

Héloïse, donc, me raconte entre autres choses cet épisode de sa vie : « Je suis petite, j'ai quatre ou cinq ans, et mon frère part à l'hôpital. Au bout de quelques jours, je vais le voir avec mes parents. J'ai peur en le voyant, parce que visiblement ce n'est pas mon frère, mais un autre individu qui a des tuyaux et des linges blancs partout. Peut-être un monstre. Je ne veux pas m'approcher. Quelques jours plus tard, il revient à la maison, il a l'apparence de mon frère, mais quand ma mère le lange, je m'aperçois qu'on essaye à nouveau de me tromper... Parce qu'il a une cicatrice qui prouve que ce ne peut pas être mon frère qui, lui, n'a rien de tel. J'ai peur, et je refuse toujours de m'approcher de lui... Il m'a fallu du temps pour comprendre dans mon monde d'enfant que mon frère avait eu une grave opération, qui l'avait transformé. »

Je fais entrer alors les parents, et je leur demande s'ils se souviennent de cet épisode. « Et comment ! me répond la mère. Héloïse a été épouvantable, jalouse sans aucun doute de ce que nous étions plus attentifs envers le petit. Elle était méchante et ne voulait même pas embrasser son frère. Maintenant que vous m'y faites penser, c'est à partir de ce moment-là qu'elle nous en a voulu et qu'elle a commencé à nous le faire payer avec son caractère de cochon. »

Un fait et deux réalités : une intervention chirurgicale qui transforme l'aspect et le comportement d'un enfant ; une sœur qui n'embrasse pas son frère parce qu'elle pense qu'il n'est pas son frère, et des parents qui pensent que ce rejet ne peut être qu'un signe de jalousie. Tout ce qui a été dit précédemment sur l'émergence de la violence à l'adolescence reste vrai ici. Mais ce qui n'apparaissait pas dans l'exemple de Max, ce sont les années de contresens qui précèdent souvent la brutalité de l'éclosion et créent peu à peu une distance de non-communication entre l'adolescent et sa famille. Vraisemblablement, toutes ces années ont été supportables parce que endiguées par des rituels, lesquels n'ont pas résisté à la crise pubertaire...

Où il est raconté que les rituels servent à nous sécuriser en nous faisant croire que l'autre parle le même langage

Le langage crée une utopie en me faisant croire que si l'autre parle les mêmes mots que moi, nous faisons partie du même monde. En conséquence, nous nous comportons souvent avec nos semblables comme s'ils étaient des clones, tout en sachant en toute rationalité qu'ils sont différents. Les scénettes de la vie quotidienne nous montrent souvent un humain dire à un autre : « tu devrais faire ceci ou cela » ou bien « tu devrais penser ceci ou cela » – sous-entendu « il est inconcevable et insécurisant pour moi que tu fasses autre chose que ce que je pense qui est bon. Puisque tu parles la même langue que moi, tu dois penser comme moi ».

Intellectuellement parlant, tout le monde saisit l'absurdité de ce qui vient d'être écrit, mais dans la vie de tous les jours la colonisation de l'autre peut devenir d'une violence extrême en annihilant précisément la reconnaissance de sa différence. Comme l'a écrit André Bourguignon, « le langage est un moyen de communication pour le moins ambigu, car les langues naturelles ne sont pas en relation biunivoque avec le monde perçu par les sens. Chaque locuteur ayant sa propre histoire et ses propres références objectives, la signification donnée à un message par le destinateur diffère de celle que lui donne le destinataire ; sans compter que la signification dépend aussi du contexte et du mode d'expression [9] ».

C'est pourquoi, pour accepter l'autre, il faut paradoxalement que je sois différencialiste, en acceptant qu'il n'appartienne pas au même monde que moi. L'éthique relationnelle que nous pouvons avoir n'est peut-être pas tant de parler pour se mettre d'accord mais, surtout, d'accepter que l'on ne le soit pas forcément et de parler, quand même, pour se connaître.

Ce monde de contresens permanent où nous vivons trouve une illustration encore plus flagrante dans les tentatives de communication interspécifique. Ainsi, quand l'humain se met à parler chien ou, du moins, à croire qu'il parle le chien couramment, cela donne aussi d'autres violences par contresens – ce qu'explique d'ailleurs fort bien Bernard Heude à propos des interactions dans la meute famille « qui sont alors le plus souvent des situations de non-sens pour l'animal. Pour mieux nous faire comprendre, nous pouvons évoquer le chien qui, après une correction, se soumet en se réfugiant dans sa niche, et mord son maître qui veut encore le frapper. Le chien ne réalise pas pourquoi il est encore battu, alors qu'il s'est soumis. Le maître ne comprend pas que son chien réponde encore à sa correction. Nous sommes en pleine incompréhension mutuelle. Dans un ordre voisin d'idées, comment comprendre, si personne ne vous l'a expliqué, qu'embrasser un chien sur les babines, c'est faire acte de soumission ? Il faut savoir qu'à l'origine, le comportement de mordillement des babines de la mère par les chiots est une demande de régurgitation de nourriture. Il s'est ensuite transformé en rituel de soumission, que l'homme interprète comme un rituel de tendresse à l'égard de la bête [10] ».

Du coup, nous avons interrogé quatre spécialistes sur ce qu'ils pensaient d'Héloïse, des chiens et de l'Ancien Testament. Les propos recueillis ont été fort différents sur la forme, mais guère sur le fond. Du côté des systémiciens, Giorgio Nardone nous a dit : « À mon sens, l'immense majorité des problèmes auxquels nous voulons apporter un changement ne sont pas des problèmes qui ont trait aux propriétés caractéristiques des objets et des situations, c'est-à-dire à ce que je propose d'appeler la réalité de premier ordre. Ce sont des problèmes liés à la signification, la logique, et la valeur que nous prêtons à ces objets et à ces situations, soit à leur réalité de deuxième ordre [11]. » Épictète le philosophe, lui, a répondu : « Ce ne sont pas les choses elles-mêmes qui nous inquiètent mais l'opinion que nous nous en faisons. » Le psychanalyste Lionel Bailly nous a invités à « ne pas confondre le fait et l'événement », le fait étant tenu pour une donnée du réel et non de l'expérience, alors que l'événement est une notion « anthropocentrique » et non une donnée objective [12]. Enfin, du côté de la biologie, Maturana et ses collaborateurs nous ont rappelé que la perception n'était « plus le processus de saisir une réalité extérieure, mais plutôt celui d'en spécifier une » et que « la distinction entre perception et illusion devenait impossible à partir du moment où on considérait le système nerveux comme un réseau fermé de neurones en interrelation [13] ».

Ces quatre spécialistes semblent donc d'accord pour introduire le subjectivisme dans notre réalité quotidienne : ce ne sont pas les faits qui conditionnent notre façon d'être, mais la vision que nous en avons ; c'est bien cette « réalité de deuxième ordre » qui introduit quotidiennement une possibilité d'éclatement de la violence, en nous donnant une lecture différente de celle d'autrui.

Où il est montré qu'une famille frappée du péché de violence est une famille qui ne se connaît pas. À moins que ce ne soit l'inverse...

Tous les thérapeutes familiaux savent que la violence crée une véritable litanie répétitive dans les dires et les gestes. Le couple W. vient ainsi sur la demande d'un travailleur social qui les a convaincus de consulter : les enfants ne peuvent pas continuer à vivre dans cet univers de violence, verbale mais aussi physique. Plusieurs certificats médicaux attestent de coups portés aussi bien sur la femme que sur le mari mais jamais à ce jour il n'y a eu de plaintes officielles portées par l'un ou l'autre conjoint.

Au premier entretien, nous passons le contrat thérapeutique suivant : nous voir cinq fois et, ensuite, d'un commun accord, si nous pensons que ce genre d'entretiens sert à quelque chose, nous revoir encore cinq autres fois. Puis, nous arrêterons, quoi qu'il arrive, « car il n'est pas question de vous rendre dépendants d'une situation thérapeutique, mais de faire en sorte que cette situation, dans un lieu et dans un temps donnés, vous aide à vous en sortir seuls ». Après avoir écouté d'une oreille distraite, ils acquiescent rapidement. L'enjeu de ce couple – suivi par les services éducatifs depuis cinq ans – n'est visiblement pas de m'écouter mais de « jouer » un scénario qu'ils connaissent bien tous les deux : celui de « c'est la faute à... si... ».

Cette première intuition se vérifie rapidement. Dès la première question – Que se passe-t-il ? –, les deux protagonistes semblent bondir de leur starting-block. Chacun sort son dossier contenant les certificats médicaux et, dans une bousculade verbale, essaie d'accaparer la parole pour me prendre à témoin. Rapidement, devant ma neutralité, ils se tournent alors l'un vers l'autre et entament un pugilat verbal, qu'il m'est difficile d'arrêter. J'essaye de reprendre les choses autrement et tente un « commérage organisé » : « Pouvez-vous me dire, Madame, ce que votre mari vous reproche ? » Même type de réaction que précédemment : nouveau flot de paroles de part et d'autre que rien ne semble pouvoir arrêter. Je me lève alors, vais à la fenêtre, l'ouvre, et fais mine de parler avec quelqu'un qui se trouve au rez-de-chaussée. Le couple, surpris, arrête de se disputer et me regarde m'asseoir, interloqué. Je repose ma question : « Pouvez-vous me dire, Madame, ce que votre mari vous reproche ? » Le couple recommence, et, moi, je me retourne à la fenêtre, jusqu'à ce qu'ils se regardent et se mettent à rigoler. Alors je m'assois et dis : « Je vous demande, Madame, pour la prochaine fois d'écrire la petite histoire que vous aimeriez raconter à votre mari avant qu'il s'endorme. Et vous, Monsieur, faites la même chose pour votre femme, mais sans vous concerter. Si vous ne faites pas ce travail, je vous demanderai la prochaine fois de vous disputer comme vous l'avez fait si bien aujourd'hui. »

Une fenêtre, un contrat thérapeutique et une injonction paradoxale pour tenter de rompre une litanie que récite un couple depuis au moins cinq ans : cette violence thérapeutique exercée à leur égard m'est apparue nécessaire, pour tenter de les faire parler non pas de l'habit de violence qu'ils portaient, mais de la douleur qui les avait conduits à s'en vêtir.

Où l'on voit comment le péché de violence peut devenir un rituel familial

René et Paula viennent consulter. La mère de René est morte alors qu'il était très jeune ; celle de Paula semble avoir été une femme gravement dépressive. Pendant plusieurs mois, étudiants dans des villes différentes, ces deux jeunes gens ont formé un couple. Bien que ne se voyant pas très souvent, ils restaient fidèles l'un à l'autre. Au bout de quelques années, une première fille est attendue. Alors, René et Paula se marient, vivent sous le même toit et, deux ans plus tard, une deuxième fille vient au monde.

Pendant plus de dix ans, la famille apparemment se porte bien, en tout cas elle ne fabrique pas de péché, ce qui veut dire que les professionnels de la santé mentale ou physique n'en entendent pas parler. Pourtant, il y régnera une certaine violence endiguée par le fait qu'il y avait les enfants « et quand on commençait à s'insulter, l'aînée venait, et tout s'arrangeait, parce qu'il ne fallait pas que les enfants voient ça ». Parvenus à ce stade, différents concepts dégagés par Reynaldo Perrone et Martine Mannini sont nécessaires pour comprendre la ritualisation de la violence dans cette famille [14]. D'abord, les deux formes qu'elle peut prendre – la violence-punition ou la violence-agression – ; ensuite, les mécanismes qui permettent aux protagonistes de se maintenir pendant plusieurs années dans l'un ou l'autre de ces types de violence.

Soit une scène de violence, où Monsieur et Madame sont en rivalité avec surenchère constante et escalade dans les mots et les gestes. Les protagonistes ne se reconnaissent aucune infériorité, et si la scène s'arrête, c'est soit par l'intervention d'une troisième entité appelée « fonction-relais » qui, par sa présence, calme la dyade infernale, soit par le jeter d'éponge de l'un des partenaires qui fait ainsi passer le couple dans ce qu'il est convenu d'appeler une « pause complémentaire ». La pause en question s'octroie ce vocable, parce qu'elle met fin à la situation de symétrie, jusqu'à la prochaine séquence. À l'inverse, dans la violence-punition, qui se manifeste par des châtiments, des sévices ou même des actes de torture, la relation est de type complémentaire. Les partenaires se trouvent en situation inégale, avec un agresseur qui revendique un statut supérieur et un agressé qui l'accepte et considère qu'il mérite et doit recevoir sans révolte la punition infligée.

Dans le cas de René et de Paula, les relations violentes reposent essentiellement sur un système égalitaire de type symétrique, où la fille aînée semble jouer le rôle de « fonction-relais ». L'intervention de cette enfant au cours des disputes, selon un rituel bien établi, permet la survie du système, en entraînant immanquablement l'arrêt immédiat de la dispute – ce qui, comme l'indique Reynaldo Perrone, « permet d'entretenir le mythe de l'entente, de la solidarité, et de la bonne famille [14] ». Notons, par ailleurs, que comme c'est bien souvent le cas, les disputes ont une unité de temps et de lieu, et se produisent quand le couple a la garantie que la fonction-relais se trouve dans les parages.

Un jour, pourtant, la fonction n'a plus fonctionné dans cette famille. Le « ras-le-bol » de l'adolescente n'a plus permis au couple d'endiguer sa violence et René s'est retrouvé à l'hôpital pour « état dépressif ». Le certificat mentionnait aussi que cet état l'avait conduit à frapper sa femme et, ensuite, à prendre des médicaments en quantité suffisamment importante pour que l'on évoque une tentative de suicide.

Aujourd'hui, les enfants ont quatorze et douze ans. René est de nouveau hospitalisé depuis plusieurs semaines mais semble bien se porter. En revanche, dès qu'il est question de sortie, on peut constater une recrudescence de son angoisse. Les rares week-ends de permission ont été à chaque fois écourtés par des épisodes de violences. Quoi qu'il en soit, le couple ne parle jamais de divorce, car « ça ne serait pas bien pour les enfants ».

L'hospitalisation de René rappelle étrangement ce temps où le couple vivait dans la fidélité et la séparation imposée par les études. L'hôpital permet ce bain de jouvence, en plaçant le conjoint dans un statut d'absent/présent. N'étant pas là, puisque hospitalisé, il est toujours là, puisque toujours marié. Tout se passe comme si l'hôpital servait de nouvel alibi : se séparer, tout en gardant le lien. Et désormais, c'est l'hôpital qui remplace l'adolescente légitimement défaillante, en jouant le rôle de fonction-relais et permet au couple de se maintenir.

Au début de l'hospitalisation, Paula nous dit : « L'hôpital, c'est bien. J'ai confiance, ils vont le guérir. Les infirmières et les médecins sont compétents. Ils lui font des perfusions tous les jours, et il prend des cachets. On attend le résultat du bilan pour voir s'il n'y a rien de sérieux. » Bref, le couple est amoureux de l'hôpital. L'affectif est réglé par le pathologique, le personnel par le professionnel, et le service public gère la crise relationnelle privée.

Au bout de plusieurs semaines d'hospitalisation, le discours de Paula change : « J'en suis revenue de l'hôpital. Ils ne lui font rien. Même le personnel le monte contre moi. Comment voulez-vous qu'il guérisse ! Il se promène toute la journée et il fait des parties de dames avec les infirmières. » L'hôpital est tombé de son piédestal, il a perdu sa neutralité.

C'est désormais un lieu dangereux, capable de s'introduire dans la vie du couple. René n'est même plus malade, puisque les bilans sont bons et qu'il fait des promenades tous les jours. Les infirmières ne sont plus des professionnelles, mais des femmes capables de séduire un mari désœuvré. Il y a effraction du lien : le couple est désemparé.

Peu après, c'est la rupture brutale avec cet hôpital qui n'est plus capable d'assumer sa fonction-relais. Mais le retour à la maison sera suivi de nouvelles violences et d'une nouvelle hospitalisation dans un autre service, dont la neutralité permettra de reprendre le jeu.

Nous n'avons pas su sortir cette famille de la violence, du moins pas comme nous l'aurions souhaité. René est mort d'un infarctus du myocarde, sans doute d'avoir été trop longtemps dans la violence de l'indécision. Un jour, Paula nous a appelés pour nous remercier, disant que, malgré sa tristesse, ça allait maintenant beaucoup mieux. Cette « guérison » m'a toujours laissé un goût amer.

Où il est raconté que, contrairement aux exemples précités, il peut y avoir violence sans péché

Nous savons, grâce à la sociologie humaine, que des comportements agressifs peuvent avoir valeur de rituels identificatoires. Les travaux de Dunning sur la violence des stades ont notamment montré que ce comportement de violence virile était à la base d'un ensemble de valeurs capables de former « le ciment identitaire des couches inférieures de la classe ouvrière dévalorisée [15] ». En effet, la violence des stades n'est pas le fait des chômeurs (10,67 %) mais essentiellement de manœuvres (42,16 %). Dans cette classe, le fonctionnement se fait par « segmentation ordonnée », c'est-à-dire que les membres des deux sexes et des différents groupes d'âge vivent des vies séparées (des segments distincts) : le café est réservé aux hommes, la maison aux femmes, et la rue aux adolescents. Ces derniers forment d'ailleurs des bandes, véritables familles d'alliance et d'appartenance liées par des rituels, une loyauté et un territoire [16, 17, 18].

Depuis les charivaris du Moyen Âge [19], on sait que la violence a naturellement son bouillon de culture dans l'univers de l'adolescence. Plus près de nous, en prenant pour définition de la violence les bagarres, les agressions à personnes ou à objets, une étude conduite sur l'ensemble du territoire national et portant sur plus de 12 000 jeunes âgés entre onze et dix-huit ans a bien montré que la violence peut être créatrice de certains groupes et, de ce fait, pourvoyeuse d'identités [20].

D'abord, la violence est la seule conduite qui diminue avec l'âge. Pour les garçons, elle passe de 32 % à 19 % entre onze et dix-huit ans – avec un plateau à 32 % entre onze et quinze ans. Pour les filles, elle atteint un pic de 18 % à quatorze-quinze ans avant de redescendre autour de 10 % à dix-huit ans. D'autre part, le taux des violences subies augmente avec l'âge et passe de 12 à 30 % chez les garçons entre onze et dix-huit ans et de 5 à 16 % chez les filles. Les adolescents, surtout les garçons, qui ont été victimes de violences sont eux-mêmes plus violents, et on constate que cette liaison entre violences subies et violences agies est d'autant plus forte que les sujets sont plus jeunes. Ainsi, parmi les onze-treize ans qui ont été victimes de violences physiques, 43 % présentent des conduites violentes – contre 18 % chez ceux qui n'ont pas été violentés. Chez les dix-huit ans, l'écart de pourcentage est moindre – 24 % contre 12% –, ce qui est certainement dû à l'effet tampon d'une personnalité plus affirmée face à l'aspect réactionnel de la violence. Enfin, les conduites violentes chez l'adolescent vont de pair avec la plupart des conduites addictives – alcool, tabac, drogue. Ainsi, si la violence présente une acuité particulière à l'adolescence [17], elle doit en principe disparaître au moins partiellement pour laisser place à autre chose. À condition, toutefois, que la violence ne soit seule proposée comme dans les groupes d'appartenance de Dunning. Toute la question est alors de savoir ce que propose la culture comme solution de remplacement.

Où il est question du regard de la société sur la violence

Quand on examine les mots de la violence, on voit que la société a élaboré au cours des siècles deux types de concepts pour qualifier l'atteinte portée à l'autre. Il y a d'abord ceux qui sont apparus entre le début du XIIIe siècle et le XVe siècle : violent, agresseur, agression... Ces qualificatifs semblent indiquer une notion d'écart ou d'infraction par rapport aux normes et aux règles qui définissent des situations considérées comme naturelles, normales ou légales. Dans le contexte de violence qui caractérise le Moyen Âge, les termes « agresseur », « violent », « agression » servent à qualifier des actes ou des personnages répréhensibles par une société fragile qu'il importe de normaliser. Pour la sauvegarde sociale, il est impératif de poser des normes qui, d'un point de vue moral ou juridique, vont permettre de définir l'acte à punir ou à prohiber, ainsi que son auteur par rapport à la victime.

Beaucoup plus tard, entre la fin du XVIIIe et le début du XIXe siècle apparaissent des concepts plus flous, tentant de décrire non pas l'acte, mais son intentionnalité. C'est ainsi que naissent les concepts d'agressivité et de combativité. Ce distinguo entre acte et intentionnalité peut être vu comme un des signes de l'émergence, à partir du XVIIIe siècle, de la notion d'individu qui se substitue peu à peu à celle de groupe. Si au Moyen Âge il est question de déterminer la nature délictuelle d'un acte et d'en trouver, pour le punir, le responsable, quel qu'il soit (les procès d'animaux sont là pour l'attester), les Temps modernes, eux, vont s'efforcer de comprendre l'humain et les raisons qui ont présidé au délit.

En un sens, le traitement de la maltraitance infanto-juvénile témoigne des ambiguïtés contenues dans cette évolution. Comme le rapporte Tomkiewicz, « avant 1968, le maintien du lien ne comptait pour rien, la famille était considérée d'emblée et *a priori* comme nocive, voire toxique [...] La séparation était rapide, brutale, ordonnée et exécutée sans états d'âme et tous les ans augmentait le flot des RT (recueillis temporaires) et des GT (gardes provisoires) [...] Au début des années 1970, le maintien du lien relevait d'une idéologie du progrès alors que le placement et la séparation pouvaient être taxés de traditionalistes, voire, de réactionnaires. À partir de 1975, ce mouvement antiplacement misant sur le maintien et la reconstruction du lien familial allait en se renforçant tout en trouvant des alliés nouveaux [...] le lien familial considéré à l'époque comme uniformément toxique est devenu une valeur qui doit être respectée, aménagée, maintenue à tout prix, ajouterai-je irrévérencieusement, même au prix des souffrances de l'enfant [21] ».

On ne saurait mieux souligner la valeur toute relative du lien familial qui, comme le regard porté sur la violence, est soumis aux aléas des variations culturelles. Pour tenter de dépasser ce relativisme culturel, qui donne de la violence des définitions et des réponses différentes, on peut prendre pour référence ce que Maurice Berger nomme l'« idéologie du lien [22] », cette position de principe suivant laquelle le maintien du lien physique entre l'enfant et ses parents aurait une valeur « absolue et intouchable » par-delà le bien ou le mal. Il y aurait, ainsi, chez l'enfant un lien de valeur absolue qui l'unit à sa famille.

Et c'est vrai que, dans la pratique quotidienne, les enfants placés pour violence parentale présentent souvent des troubles du comportement inhérents en partie à leur situation de placement et au sentiment de trahison qu'ils éprouvent vis-à-vis de leur famille d'origine. Je me souviens ainsi d'un gamin qui, malgré les soins attentifs de sa famille d'accueil, n'allait pas bien et développait angoisse et agressivité. Un jour, il demanda à la femme qui s'occupait de lui : « M'aimes-tu ? » Et la réponse, magistralement intuitive malgré l'attachement porté à ce garçon, fut : « Je suis payée pour m'occuper de toi le mieux possible. »

Libéré de son poids de loyauté, l'enfant pouvait dès lors continuer à aimer une mère malfaisante, sans craindre la trahison qu'il sentait poindre en étant de plus en plus attaché à sa gardienne. Il pouvait se dire : « Je ne risque pas d'être infidèle à ma mère puisque toi, tu es payée non pas pour m'aimer, mais pour t'occuper de moi. Donc, j'aurai toujours avec toi des rapports médiatisés par l'argent, et non par l'amour. »

Où il est question d'une troisième conclusion

À dire le vrai, aujourd'hui, nous sommes moins envahis par la violence que par un sentiment d'insécurité qu'il est de plus en plus difficile de mettre en mots. Les humains se sont enfermés dans un individualisme qui a rendu l'autre de plus en plus étranger et, donc, potentiellement dangereux. En outre, comme le dit Yves Michaud, « nous avons très peu d'expériences directes du monde et nous ne percevons qu'indirectement la plupart des choses que nous croyons réelles. En ce sens, la violence représentée de manière stylisée et spectaculaire par les médias contribue à la constitution de notre image du monde. Elle devient un phénomène non seulement normal mais, à bien des égards aussi, esthétisée et neutralisée par ces formes de représentation [23] ».

Le caractère virtuel imposé par les médias donne de la violence une nouvelle forme que, faute de mots et de représentations, nous apparentons à la réalité. Quand un adulte voit le film d'un groupe de délinquants dans une cité, il va faire de la cité un groupement de délinquance. Quand un petit enfant regarde seul un film violent à la télévision, ce ne sont pas les scènes du film qui lui donnent sa violence, mais la solitude de l'enfant qui n'a aucun ancrage à la réalité. Être face à un écran qui diffuse des images que l'immaturité infantile n'est pas capable de mettre dans les mots du réel, ce n'est pas la même chose que de regarder ces mêmes images en présence de parents qui, eux, pourront au moins dire : « C'est du cinéma ! » Si la violence, comme le croient certains, est indissociable de la nature humaine, le rôle de la culture est d'en contrôler les résurgences comportementales, du moins jusqu'à un certain point.

Sur le plan familial, il est, certes, extrêmement difficile de s'accorder sur une définition de la violence, chaque famille ayant une appréciation personnelle de ce qui est violent et de ce qui ne l'est pas. Toutefois, la ligne de partage du péché de violence passe par la mise en sens et la « sécurisation » de l'existence grâce à la ritualisation des liens familiaux. Il est des familles qui, un jour, deviennent violentes en raison d'un sentiment d'insécurité et d'angoisse consécutif à l'abrasion de leurs liens ; il en est d'autres qui, par absence de choix, semblent avoir construit leurs liens sur une violence indispensable à leur identité. N'est-il pas de la responsabilité de tous de proposer à celles-ci d'autres alternatives et d'aider celles-là à restaurer leurs liens ?

– 4 –

RUPTURES

Pourquoi faut-il que des amoureux qui infiltrent de sensualité le moindre geste, la moindre parole, le plus petit mouvement d'étoffe ou de chevelure, parviennent un jour à un sordide dépôt de bilan ? Pourquoi faut-il que l'émotion des regards, la danse des premiers sourires et la fusion cannibale des premiers baisers soient parfois remplacées par la blessure du mépris ? Et comment expliquer que cette dégradation haineuse en épargne certains, comme Margaret Mead qui put dire, un jour : « Je me suis mariée trois fois, et pas un seul de mes mariages ne fut un échec [1]. »

Si pour parler de ruptures il va falloir que nous parlions de rencontre amoureuse, de couples et de familles, pour parler du péché de rupture, il suffira d'évoquer la culpabilité qui imprègne la plupart du temps toutes ces situations.

Au commencement, donc, il y a « l'énamouration [2] », le « tomber en amour » qui, un jour, me surprend. Le croisement anonyme de l'autre devient rencontre amoureuse, parce que son regard, sa voix, la chanson de ses gestes et peut-être l'odeur de son corps me parlent, sans que je le sache, de mes premiers objets d'attachement. À cet instant précis, fusionne chez l'autre celui qu'il est et celui qu'il incarne dans mon histoire familiale. Mais cette re-présentation [3] ne sera amoureusement vivable que si elle est tout à la fois camouflée et apparente. L'«enamouration » va me faire croire que j'aime cette personne pour ce qu'elle est et non pour ce qu'elle re-présente pour moi.

Plus tard, quand l'amour voudra fabriquer un couple, il faudra que le paradoxe de l'« énamouration » résiste à l'épreuve du temps, qu'il soit caché, contenu, dans un système de croyances auquel tout le monde adhérera et au nom duquel se structurera la famille à venir. Ainsi, bien à l'abri du regard des inconscients, les paradoxes innommables vont continuer à jouer leur fonction de liaison du couple et de la famille. Je vais pouvoir vivre avec cette femme parce que la re-présentation qui soude fondamentalement mon amour est suffisamment enfouie sous la couverture des mythes. Si les mythologies familiales ont cette fonction dans la création du couple, c'est parce qu'elles sont les intermédiaires entre les inconscients individuels et les impératifs culturels et sociaux sur la famille et le couple.

Ce préambule permet d'emblée de deviner que, dans une situation de rupture, rien n'est simple. Et quand un couple sollicite l'aide d'un thérapeute, il faudra inévitablement parvenir à déterminer si cette demande vise individuellement l'un ou l'autre membre, le système relationnel des deux personnes ou la restauration d'une mythologie sociale défaillante. Cette dernière demande émane souvent de couples ayant une quinzaine d'années d'existence et qui ne semblent pas avoir pu profiter de ce temps pour se rendre moins tributaires de la mythologie sociale qui leur a donné naissance. Mais il arrive aussi que le péché de rupture survienne beaucoup plus tôt, dès la première année de la naissance du couple. Tout se passe alors comme si les mythologies ne parvenaient pas à mettre en place leurs paravents et que les paradoxes de la rencontre, affleurant alors dans les consciences, prenaient la forme de doubles liens douloureux. Certains de ces couples pourront bénéficier d'un répit, par l'arrivée d'un ou deux enfants qui viennent, pour un temps, effacer ces doubles liens. La rupture surviendra quelques années plus tard, avec un sentiment de culpabilité dû, en grande partie, à un autre mythe : celui de l'enfant qui ne va pas se remettre de la souffrance du divorce.

Où il est question de rencontre amoureuse et de paradoxes enfouis

Une rencontre amoureuse se fait de façon atemporelle, comme la suspension ou l'élongation du temps que vivent ceux qui ont connu un tremblement de terre, quand les plaques tectoniques de l'histoire et du présent mêlent le rationnel et l'irrationnel, l'affectif et le cognitif, le conscient et l'inconscient. Cette parenthèse sismique, où le « présent-futur » qui nous lie déjà à ce que nous voulons être ne se distingue plus d'un « présent-passé » qui nous maintient dans ce que nous avons été, peut soulever des montagnes de créativité ou creuser des gouffres d'angoisse : la dynamique, la violence et les conséquences de la secousse dépendent, comme le dit René Roussillon, du « croisement de l'histoire et de la structure [4] ».

Pour le dire autrement, ce que nous sommes dépend de la rencontre de l'Autre et de Soi, tout en sachant que l'Autre n'est pas seulement l'étranger, c'est-à-dire une pure extériorité, mais qu'il est aussi, et peut-être surtout, la résonance qu'il suscite par des qualités antérieurement rencontrées, éprouvées et inscrites en nous. La rencontre amoureuse est bien cette re-présentation, qui me propose l'Autre sans que je sache qu'il est en quelque sorte le concentré de mes premiers objets d'amour [3]. La catalyse de ma mémoire, la résurgence de mes affects font de ma rencontre amoureuse la mise en forme d'un lien d'essence paradoxale. Ainsi, quand je tombe amoureux de cette femme, c'est parce que, sans le savoir, elle représente une tranche de mon passé, qu'il me faut pourtant rejeter si je veux avoir accès à une altérité que je ne pourrais atteindre qu'en existant précisément qu'au travers du passé que je rejette.

Il est impossible de tomber amoureux de l'autre tel qu'il est, tout comme il m'est impossible de l'admettre. Plus tard, peut-être, la connaissance de l'Autre pourra faire partie du cahier des charges du couple, mais, pour l'instant, dans « l'énamouration », l'Autre n'est que le vêtement du Soi. Comme l'écrit Jean-Pierre Vernant, « aimer, c'est tenter de se rejoindre dans l'autre [5] ».

Il est impératif pour le paradoxe de cette rencontre d'être toléré, c'est-à-dire de ne pas montrer le bout de son nez en restant enfoui. Cet enfouissement donne d'ailleurs toute l'énergie de la passion amoureuse. Mais, comme le papillon attiré par la lampe incandescente, les conscients doivent conserver une distance d'avec leurs paradoxes, sous peine de se brûler. Ainsi, quand chez certains couples les éléments paradoxaux se mettent à faire surface et à devenir intolérables, toute l'énergie de liaison peut se transformer en énergie destructrice, laquelle prend la forme d'un péché de rupture.

La sensualité des premiers jours s'estompe, l'énamouration se meurt et doit laisser place à l'amour et à une institution qui porte le nom de couple. Comme le dit Marie-Laure Dimon, « le temps qui passe montre les excès des demandes, des attentes, désillusions, et les partenaires vont demander des comptes à la réalité [6] ». Tous les jours, ce que l'autre est va bousculer la dictature de mon inconscient, en rendant apparents mes paradoxes. C'est contre cette réalité quotidienne qu'agit la fonction régulatrice des mythes familiaux.

Où il est montré que la vie d'une famille repose sur un ensemble de mythes

François, Jeannette et Grégoire sont là, tous les trois, parlant alternativement de leurs difficultés conjugales et des problèmes que pose l'adolescence d'un fils unique. Les affects semblent danser un tango argentin : on ne sait pas si on doit s'arrêter sur le couple ou sur l'adolescent – syndrome qui est d'ailleurs significatif des mythes à l'origine de cette histoire familiale.

Avant leur mariage, François et Jeannette étaient très amoureux, mais se rencontraient en cachette, car le père de Jeannette ne voulait pas de François pour gendre. Pourquoi ? Il a fallu plusieurs séances pour que Jeannette raconte le mythe familial suivant, devant les yeux ébahis d'un mari qui semblait l'apprendre en même temps que nous : « Mon père ne voulait pas de François, parce qu'il venait d'une famille d'alcooliques. Donc, un jour ou l'autre, il allait le devenir. » Je demande naïvement à François s'il savait que son père ou son grand-père buvait. Il me répond par la négative et ajoute, surpris, qu'il ne comprend pas d'où vient cette crainte. Jeannette explique alors : « Tu sais très bien que ton grand-père avait une tache de vin sur son visage. Ça n'était pas là pour rien. »

D'une façon générale, toute mythologie repose sur le fait que l'humanité a besoin, pour vivre en groupe, de construire et de transmettre des affirmations qui, si elles sont tenues pour vraies à l'intérieur du groupe, ne le sont pas forcément dans les groupes voisins. L'importance d'un mythe n'est pas dans son exactitude, mais dans sa fonction structurante – ce qui revient à dire que toute relation interhumaine repose très souvent sur un socle de falsifications.

Ici, dans le cas de François et Jeannette, le psychisme paternel ou maternel, ne voulant pas trancher dans le vif d'une relation œdipienne mal résolue, semble sortir des tiroirs de la mythologie sociale l'alibi de la détresse : « qui a bu boira ». En termes de paradoxes enfouis et de mythologie, ce père semble dire à sa fille : « Je ne peux pas dire combien l'idée que tu puisses quitter la maison pour aller avec un autre homme m'est intolérable. Alors, moi, ton père, je dis qu'épouser une famille d'alcooliques ne se fait pas, parce que tous les mythes sociaux l'assurent. »

C'est dans cette situation de refus parental que Jeannette « tombe enceinte ». Elle se souvient encore très précisément de la scène de l'annonciation, de son père en bout de table rompant le silence et lâchant simplement en fin de repas : « Il faut régulariser. » Comme il n'est pas question dans cette famille d'avortement, la honte l'emporte sur le mythe de l'alcoolisme, mais elle convoque immédiatement un autre mythe social tout fait : celui du mariage qui fournit le passeport de l'honorabilité.

Ainsi que l'écrit Antonio Ferreira, « le mythe familial trouve un prolongement dans les mythes individuels, comme les fantasmes " névrotiques " ou " psychotiques ", et se rattache aussi et souvent s'inscrit dans des mythes sociaux plus vastes, comme les mythes raciaux, les mythes nationaux, les mythes religieux [7] ». Pour les paradoxes enfouis, il est une sorte de traducteur qui les rend acceptables face aux impératifs sociaux. Ainsi, le père de Jeannette, fantasmatiquement incestueux, devient le père protecteur de sa fille. Quant à cette dernière, elle vit son propre fantasme d'inceste avec un homme certainement très proche du père mais, en même temps, très éloigné, puisque violemment rejeté par le mythe familial du « Qui a bu boira ».

Aujourd'hui, c'est au tour de Grégoire, le fils unique âgé de vingt ans, de faire des rencontres. Et au tour de François et de Jeannette de n'être pas d'accord, car « cette fille ne leur inspire pas confiance ». Mais les temps changent et les mythologies se transforment. À l'époque où les parents arrangeaient les rencontres, ils renforçaient sans le savoir les structures mythiques sociales. Depuis que les couples ont quitté les notaires pour les bancs publics, l'impératif social a fait place à celui de l'amour, laissant l'individu dans le vide d'une simili-liberté. Dans cette simili-liberté, les mythes sociaux se sont de plus en plus rapprochés des individus et de leurs névroses et, aujourd'hui, « les rencontres se font beaucoup plus entre inconscients qu'entre familles [8] ».

Mais qu'il s'agisse d'amour ou de patrimoine, de névrose ou de *pater familias*, chez Jeannette et François, les vingt années de vie commune ne semblent avoir servi à rien. Grégoire, qui a créé la famille par la violence faite aux mythes des grands-parents maternels, la défait aujourd'hui par son départ : Jeannette et François sont sur le point de se séparer. Les années écoulées ne paraissent pas avoir rapproché ce couple qui n'a eu qu'une existence toute sociale au travers d'une parentalité imposée. Cette famille a connu une parenthèse sociale de vingt ans pendant laquelle le temps affectif s'est arrêté. Aujourd'hui, les mythes fondateurs du couple s'en vont avec Grégoire, imposant un face-à-face impossible chez de vieux adolescents non préparés à la conjugalité.

Où il est question de Dorian Gray, de l'éternelle adolescence et de la crise de la quarantaine

Le commencement de l'histoire de Jeannette et François pourrait aussi être le début de la suivante. Il était une fois une adolescente cherchant à fuir une famille névrotiquement étouffante. Un beau jour, elle rencontre un adolescent ayant lui aussi quelque peine à respirer. Quelque temps après, ils décident de vivre ensemble en s'habillant du prêt-à-porter d'un mythe social toujours vivace : « Vivre en couple est signe de bien-être » – ce qu'une grand-mère résumait assez bien en me disant de son petit-fils récemment sorti de prison : « Maintenant, il va bien, il va bientôt se mettre en ménage. »

Ce que Dieu a uni, l'homme ne le sépare pas [9], et depuis le XIIe siècle, le mariage, en prenant place parmi les sept sacrements, est considéré comme l'instrument essentiel du salut de l'individu. Aujourd'hui, et indépendamment du taux de démariage, l'union avec l'autre, qu'elle soit laïque, religieuse ou privée, demeure le gage d'une bonne intégration sociale. Mais quelques mois ont passé, et nos deux adolescents vivant ensemble attendent un enfant. À la mythologie sociale du couple est venu s'ajouter un autre mythe, celui de la famille heureuse : « C'est un couple bien, vous savez, et ils ont de très beaux enfants intelligents et polis. »

Comme l'adolescence entre l'enfance et l'âge adulte, toute famille est aussi dans un entre-deux : entre ceux qui ont donné naissance à chacun de ses membres et ceux qui naîtront de chacun de ses membres. Ce pont est un lieu de maturation. Quand les mythes fondateurs et les paradoxes qu'ils cachent le permettent, la vie au contact de l'autre permet en effet de dépasser sa propre histoire familiale pour accéder à un monde de plus en plus éloigné de ses premiers objets d'attachement : tous les jours, si mon « énamouration » disparaît, c'est que l'autre va me permettre de faire naître mon amour, c'est-à-dire le désir que j'ai d'être avec lui, de moins en moins pour ce qu'il re-présente et de plus en plus pour ce qu'il est. C'est là pour Alberto Eiguer l'ultime phase de la maturation d'un couple, quand « l'activité fantasmatique de la famille et du couple, lieu de rencontre des fantasmes individuels inconscients de chaque membre, inspire l'activité fantasmatique consciente, c'est-à-dire la création d'un espace transitionnel d'échanges, d'humour, de créativité épanouissante, de récits concernant la propre histoire de chacun et celle des ancêtres [10] ».

Mais parfois ce brassage des inconscients ne se fait pas, et malgré le vieillissement biologique de la famille, le couple reste figé dans une adolescence éternelle, comme dans *Le Portrait de Dorian Gray* où la peinture, par un incroyable prodige, vieillit à la place de l'adolescent représenté. À la fin, Dorian Gray, ne supportant plus le poids de cette éternelle jeunesse, s'enferme dans la pièce où se trouve le tableau, se saisit d'un couteau et le détruit. Entendant un cri, les domestiques enfoncent la porte et « en entrant voient un splendide portrait de leur maître, tel que, la veille encore ils l'avaient vu lui-même dans tout l'éclat de sa jeunesse exquise et de sa merveilleuse beauté. Sur le parquet, un homme en habit de soirée gisait, un couteau dans le cœur. Son visage était flétri, ridé, repoussant. Ce ne fut qu'à l'examen de ses bagues qu'ils reconnurent ce mort [11] ».

Mais, à l'inverse du héros d'Oscar Wilde, les couples figés dans l'adolescence éternelle se portent rarement le coup de couteau. En général, c'est la vie qui s'en charge, avec la maladie ou la mort d'un grand-parent ou le départ d'un enfant qui emporte dans ses valises tous les mythes fondateurs de la famille : ceux de la conjugalité et de la parentalité.

Ainsi arrivent ces couples de la quarantaine, noyés dans la culpabilité du péché de rupture. Certains désirent sincèrement repenser un couple qui n'a jamais vraiment existé. D'autres, au contraire, viennent demander une thérapie conjugale, alors que la décision de rupture a déjà été prise implicitement. Dans l'un et l'autre cas, il s'agira pour le système thérapeutique mis en place d'éviter un certain nombre de pièges douloureux.

Je reçois Sylvie et Marcel sur la demande expresse d'un confrère qui s'inquiète beaucoup pour ce couple d'amis qui « bat de l'aile » depuis que l'aîné des enfants est parti faire ses études. Sylvie me paraît dépressive, et les signes qu'elle présente sont objectivés par le mari qui confirme les troubles du sommeil, l'anorexie, l'envie de rien, et les pleurs quotidiens. Même s'il semble envahi par des sentiments coupables, Marcel, lui, ne paraît pas disposé à entamer une thérapie visant à la reconstruction du couple. Cela m'est suggéré plus que dit, avec énormément de précautions oratoires. La vérité est qu'il a annoncé à sa femme, il y a quelque temps, qu'il avait une maîtresse et qu'il allait peut-être partir.

La demande de thérapie de couple, qui n'en est pas une selon moi, pourrait se résumer ainsi du point de vue de Marcel : « J'ai une maîtresse et je partirai le jour où je serai moins culpabilisé... donc le jour où je saurai que vous, psychiatre, vous vous occuperez de ma femme. » Formulé par Sylvie, l'appel à l'aide s'énoncerait sans doute de la façon suivante : « Mon mari veut me quitter ; je ne le veux pas. Alors aidez-moi, vous psychiatre, à le convaincre. »

En général, au terme d'un premier entretien de ce type, je souligne les divergences entre les attentes et demande aux conjoints de réfléchir, sans se concerter, pour pouvoir me dire, au prochain entretien, de combien de temps nous disposons avant de prendre une décision majeure concernant leur couple. Disant cela, je gagne *a priori* du temps pour aider Sylvie à prendre une décision de thérapie individuelle, car Marcel paraît déterminé à la quitter. Mais rien, à ce stade, ne me garantit que je ne tombe pas dans le piège d'une triangulation [12] qui va me faire commencer une pseudo-thérapie de couple.

Dans le cas de Marcel et de Sylvie, la vie conjugale a longtemps été centrée sur le fils aîné, et rien ne dit qu'au travers de sa dépression, Sylvie ne cherche pas à rétablir avec un thérapeute une dyade perdue – celle qu'elle formait avec son fils. Et rien ne dit non plus que ce n'est pas le couple dans son entier qui cherche, au travers d'un thérapeute, un fils perdu qui a été pendant des années l'intermédiaire indispensable et le garant de la pérennité du couple. Mais la thérapie va justement résider dans l'acceptation de ce « transfert affectif », étape indispensable pour que, dans un deuxième temps, le couple parvienne à son « autothérapie », la difficulté étant précisément d'éviter que la situation de transfert ne se pérennise, comme dans une pièce de théâtre qui n'aurait changé que l'un des acteurs.

Où il est raconté que les péchés de ruptures peuvent survenir plus précocément dans la vie d'un couple

Les conflits incessants de Jean et Tania les empêchent de vivre ensemble comme de se séparer. La mère de Tania est morte lorsqu'elle avait trois ans tandis que Jean a été élevé dans une famille nombreuse « froide, sans amour, mais qui respectait l'indépendance de chacun ». Voilà quelques mois, Jean et Tania sont tombés amoureux fous.

Dès le début de leur couple, les difficultés ont commencé. Lorsque Jean ne va pas bien, qu'il déprime, Tania le cajole jusqu'à ce qu'il aille de nouveau mieux. Les choses se compliquent quand Jean remonte la pente et redevient très présent dans ses sentiments amoureux : Tania ne le supporte plus, « l'envoie balader », s'éloigne jusqu'à ce qu'il n'aille pas bien. Et le cycle reprend.

Tout se passe en fait comme si Tania ne pouvait se permettre une nouvelle rupture : celle qu'elle a connue lorsque sa mère est morte. Dans une réactualisation douloureuse de cet événement, elle semble dire : « Je veux que l'on m'aime parce que j'en ai besoin, mais surtout que l'on ne m'aime pas car je risque de souffrir si je perdais à nouveau l'objet de mon amour, comme cela s'est déjà produit. »

Pour Jean, le modèle des interactions précoces semble se résumer ainsi : une famille est un lieu où chacun peut vivre et se développer en complète indépendance, mais sans amour. Au travers de ses nombreuses conquêtes sans lendemain et de son histoire tumultueuse avec Tania, il semble vouloir dire : « Je veux que l'on m'aime, mais surtout que l'on ne m'aime pas. Car si mon histoire familiale m'a appris que l'indépendance à laquelle je tiens par-dessus tout ne va pas de pair avec l'amour, je veux aussi, malgré cela, pouvoir être aimé. Je veux donc être indépendant tout en étant aimé, et en aimant. »

Voilà donc la rencontre de deux scénarios qui se complètent et qui sont prêts à faire une mythologie commune douloureuse : « Nous sommes destinés à être malheureux, car si nous voulons nous aimer il faut surtout que nous ne nous aimions pas. » Cette fatalité mythologique semble s'inscrire de plus en plus en chacun des deux comme un marqueur génétique et permet de ne pas aller plus avant dans la reconnaissance douloureuse du passé.

Mais avant d'aller plus loin dans l'histoire de ce couple il nous faut nous faire un détour et préciser les relations existant entre les concepts de contradiction, de paradoxe et de double lien, développés par les théories de la communication [14].

On peut définir une contradiction comme une proposition qui reste compatible avec un choix, le plus souvent douloureux, mais possible, comme : « Je voudrais à la fois manger mon gâteau et le garder. » Avec déchirement, il est vrai, cette contradiction peut être levée soit en mangeant le gâteau soit en le gardant. Le paradoxe, au contraire, rend impossible la notion même de choix, car les deux termes antinomiques qui le composent s'incluent et s'excluent l'un l'autre. Ainsi « toute interdiction est interdite » ou « si tu m'aimes, ne m'aime pas », pour reprendre l'élégante formule de Mony Elkaïm [12], sont d'essence paradoxale, et on voit bien que sortir du dilemme imposé par ces phrases demande autre chose qu'un choix même douloureux. Or quand ce type de communication paradoxale fait partie d'une « expérience vécue répétée » dont l'individu ne peut s'extraire, il entraîne une situation de double lien qui peut faire le lit de la pathologie [15]. C'est pourquoi l'individu ne peut sortir de ce cadre paradoxal qu'en métacommuniquant à son sujet.

Si une mère dit à son enfant de quatre ans qui vient de perdre son chien : « Je ne veux pas que tu sois triste », elle met par sa demande son enfant dans une situation paradoxale d'où il ne pourra sortir. En effet, à cet âge, il lui paraît impossible de ne pas être triste, car cela irait contre ses sentiments. Par ailleurs, il ne peut pas désobéir à sa mère qui est au centre de son monde. Mais plus tard cet enfant, devenu capable de prendre certain recul par rapport au centre de son monde, pourra se dire : « Ma mère me demande une folie, car je ne peux pas ne pas être triste à la mort de mon chien. Par contre, je vais m'efforcer de ne pas pleurer, et ainsi elle croira que ma tristesse n'est plus. » Par la métacommunication, l'enfant peut satisfaire à la demande de sa mère et à l'exigence de ses affects.

Et c'est précisément cette métacommunication qu'il nous faut actuellement travailler avec Jean et Tania. Ces séances, en général très longues, entre deux et trois heures, ne sont possibles qu'à un stade de la thérapie où le couple donne implicitement son autorisation. Il est en effet très angoissant d'aller ainsi, pour la première fois de sa vie, discourir de paradoxes douloureux.

Où l'on voit que la rupture des jeunes familles crée un grand sentiment de péché

Certains couples, tout aussi jeunes, semblent temporairement régler leur problème de doubles liens et de paradoxes en faisant un enfant qui vient pour un temps gommer la douleur. La rupture se produit, un peu plus tard, trois à cinq ans après la naissance du couple, dans une ambiance de péché due à l'idée que l'enfant va inévitablement présenter des séquelles du divorce, alors qu'on peut légitimement se demander si la désunion de la famille n'est pas en réalité une situation de moindre souffrance compte tenu de la dysfonctionnalité et du niveau d'angoisse qui se dégagent de certaines familles « unies ». Certes, tous les divorces sécrètent de la douleur, mais il est des enfants qui parviendront à la dépasser et d'autres pas. Tout dépendra de la place que l'enfant aura dans le conflit – point qu'une rupture juridique n'est pas capable de régler. Car si le divorce sépare, il ne répare jamais totalement un contentieux affectif.

Selon son âge, l'enfant réagira peut-être par une baisse d'efficience scolaire, une période de cauchemars, d'anorexie ou d'énurésie. Mais c'est le non-dépassement de sa douleur, c'est-à-dire la fixation du symptôme, qui fera la pathologie. Le paradoxe de cette souffrance est que l'enfant la porte, alors qu'elle émane d'un conflit conjugal qui se poursuit bien au-delà du divorce. À l'extrême, la maladie de l'enfant alimentera le discours ambivalent d'un couple qui a encore des choses à se dire mais qui ne peut pas parler. On voit bien, dans ces cas, que la pathologie de l'enfant n'a aucune raison de disparaître. On voit aussi pourquoi l'on pourrait parler de maltraitance psychologique puisqu'il s'agit d'une véritable souffrance imposée par le monde d'adultes peu soucieux de leurs responsabilités parentales. Toutes ces raisons font que quand c'est possible, c'est-à-dire quand les ex-conjoints sont d'accord, je les fais venir pour parler de l'enfant et du regard qu'ils peuvent lui porter.

Où il est question d'une quatrième conclusion

Le concept de mythologie familiale a été élaboré par Antonio Ferreira [7] dans un article important, car publié en 1963 par un auteur associé au groupe de Palo Alto. Il signifiait que, si l'on devait toujours parler d'approche systémique, on ne pouvait plus parler de thérapie familiale systémique au singulier. L'historisation familiale introduit, en effet, les bases d'une approche constructiviste sans commune mesure avec « l'ici et maintenant » du structuralisme de Salvador Minuchin [16] ou les thérapies stratégiques de Jay Haley [17].

Désormais, il y a donc les thérapeutes qui prescrivent

des injonctions de changement et ceux qui travaillent dans le cœur des représentations familiales. Mais, dans les faits, la plupart des thérapeutes utilisent ces deux axes de travail, car le mythe familial, en tant que « concept limite » entre les fantasmes individuels, la dynamique de groupe et les influences sociales, impose de sortir des théories de la communication, de la cybernétique ou de la théorie générale des systèmes, pour entrer dans la sémantique des sciences humaines – éthologie, sociologie, systémique, psychanalyse.

Comment trouver l'articulation, le lien qui ne soit pas conflictuel mais constructif ? Le théorème d'incomplétude de Gödel indique qu'aucune théorie n'est totale [18]. L'éthologie est une biologie du comportement, la sociologie l'étude des faits humains étudiés dans leur ensemble. La psychanalyse est une théorie du sujet, et l'écosystémique celle d'un groupe [19]. En fin de compte, le thérapeute reste seul avec une famille dans l'élaboration d'un modèle qui permettra de sortir d'un péché. L'espace thérapeutique est un espace de re-ritualisation, et toutes les disciplines doivent être au service de cet objectif. L'épistémé dont parle Jacques Miermont nous paraît en analogie avec la transdisciplinarité que nous défendons depuis le début de ce livre, puisqu'il s'agit de « la disposition qui permet à une personne de prendre une distance par rapport aux effets de ses rituels et de ses mythes [20] ».

– 5 –

INCESTES

Peu à peu, par touches discrètes, comme une intrigue qui prendrait forme au fil des consultations, le secret se dévoile. Chaque thérapeute a connu cet instant où, tout à coup, l'addition des évidences impose à la conscience la certitude d'un péché, où l'on voit une adolescente, son père, sa mère et, entre les trois, un personnage aux contours imprécis nommé inceste.

Cette figure n'a pas attendu la précision de son sens pour soulever des torrents de passion. Le flou de sa définition s'efface le plus souvent derrière la clarté de son étymologie, et si l'inceste désigne vaguement dans le langage courant ce qui est sexuel entre apparentés, ses racines latines l'enferment, irrémédiablement, dans la prison d'un péché majeur – *incastus* désignant celui qui a perdu sa chasteté, sa pureté [1].

Jusqu'à la Révolution française, le péché d'inceste figurait en lettres de feu dans le droit canon, et sa condamnation ne distinguait en rien ni la victime ni le coupable. Les deux protagonistes ayant péché, « l'homme était pendu, et la femme enterrée vive [2] ». Aujourd'hui encore, devant le chemin de croix qui attend la victime dans les procédures mises en place pour l'établissement de la preuve, on peut s'interroger sur la prégnance de l'étymologie dans l'inconscient collectif.

Où il est question d'une définition et des difficultés de son application au péché familial d'inceste

Moins violent que le droit canonique, mon *Petit Robert* [3] donne de l'inceste une définition en trois points. Il affirme qu'il s'agit 1) de relations sexuelles, 2) entre un homme et une femme et 3) qui sont parents ou alliés à un degré entraînant la prohibition du mariage. Ces trois points nous fournissent tout naturellement trois premiers axes de réflexion.

Signalons d'abord qu'en ce qui concerne le terme même d'inceste, le Code de procédure pénale français l'ignore, puisqu'il ne parle que d'agression sexuelle (art. 222-22), de viol (art. 222-23) ou d'atteinte sexuelle (art. 227-25). Ces trois termes, qui présentent l'avantage de s'appliquer à un très grand nombre de situations, ne reflètent cependant pas la nature des liens qui unissent la victime et son bourreau : une jeune fille violée peut l'être par n'importe quel individu alors qu'une jeune fille incestée ne peut l'être que dans un cadre familial. Depuis le Code Napoléon, et bien qu'il s'agisse d'une circonstance aggravante, ce n'est donc pas la dimension filiative que la loi sanctionne en priorité, mais un comportement sexuel imposé à une personne ou perturbant l'ordre public [4]. Le mot inceste n'ayant pas qualité de crime spécifique, le législateur français, en matière de violences sexuelles, prend surtout en considération que l'absence de consentement et le statut de mineur. Pourtant, il suffit d'écouter les victimes pour comprendre qu'avoir été agressé sexuellement par un étranger ou incesté par son grand-père sont deux situations affectivement différentes.

Néanmoins, une des grandes difficultés reste de qualifier ce qu'est une relation sexuelle. En dehors de certaines horreurs objectivables par des examens médicaux et biologiques, les actes n'impliquant que des attouchements, des baisers ou des caresses peuvent laisser libre cours aux interprétations les plus hasardeuses. Prenons pour exemple le petit scénario clinique suivant.

Acte I. Présentation

Un père de famille qui travaille élève son fils âgé de cinq ans, en l'absence prolongée de sa femme, cadre en mission à l'étranger. Les revenus confortables de la famille permettent d'embaucher une jeune veuve pour s'occuper de la maison.

Acte II. L'abus sexuel

Au terme des deux mois de son contrat professionnel, l'épouse revient au foyer. Le couple décide alors de se passer des services de la jeune veuve, mais lui signifie néanmoins que, vu la qualité de son travail, elle peut rester à leur service tant qu'elle n'aura pas trouvé d'autre emploi. Quelques jours plus tard, la veuve dit au mari avoir vu sa femme caresser l'enfant de façon insistante et non univoque, au cours d'une toilette. Et rajoute qu'il serait bon de faire un signalement au juge, et qu'elle-même s'en chargerait volontiers.

Acte III. Dénouement

Le père ne peut croire ces assertions et, d'un commun accord avec sa femme, demande une consultation-conseil. Après avoir vu l'ensemble du groupe familial, y compris la jeune veuve, j'ai la conviction que la thèse de la jalousie est la plus probable. À mes yeux, aucun doute n'est permis concernant l'innocence de la femme ; le gant de toilette d'une mère sur le sexe de l'enfant est devenu l'instrument d'un abus sexuel sous le regard d'une jeune veuve dont la vie a subitement basculé avec la réapparition de l'épouse. Dès cet instant, l'employée de maison s'est transformée en femme sur le point de retourner à la solitude par la faute d'une légitime qui, en revenant, lui prenait l'enfant qu'elle désirait et peut-être même le mari qu'elle avait perdu.

Acte IV. Épilogue

Tout finit par s'arranger, au prix de quelques entretiens avec... la jeune veuve.

À la suite de ce petit scénario, je me suis souvent demandé si, en toute bonne foi, mon regard de neutralité aurait été le même face à une famille issue, non pas de la bourgeoisie bien-pensante, mais d'un milieu connu déjà pour ses incartades judiciaires. Après tout, l'interprétation d'une situation est aussi le reflet d'un inconscient dirigé par l'histoire et la culture de celui qui regarde. Et les mêmes allégations impliquant un milieu défavorisé auraient peut-être fait de la jeune veuve, non pas une mythomane jalouse prête à désagréger une famille honorable, mais une femme qui, par son courage, aurait permis de sortir un enfant de l'enfer du péché d'inceste.

Cette histoire clinique permet aussi de comprendre que l'acte incestueux n'existe pas tant que les hommes ne l'ont pas nommé. Or nous savons que bon nombre d'incestes ne sont pas mis au jour, parce que des familles qui le pratiquent échappent au regard et aux mots de la société. Autrement dit, dans les faits, si l'inceste peut être repéré, c'est très souvent parce qu'il est éclairé par le projecteur de la marginalisation sociale. Plusieurs études statistiques ont aussi montré que 60 à 80 % des abus sexuels étaient découverts au cours d'une mesure éducative [5], justifiée par la situation précaire d'une famille sur le plan éducatif, matériel ou affectif. Précisons, d'emblée, pour dissiper tout risque de malentendu, que ce n'est pas la marginalisation qui crée le péché d'inceste, mais les conditions de son dévoilement, simplement en raison du cortège de professionnels qui accompagne toute famille présentant de graves difficultés socio-éducatives. Si cet éclairage met les acteurs en évidence, il ne les engendre pas, et les chiffres de l'inceste seraient certainement plus importants si, dépassant l'anonymat des « familles comme il faut », on pouvait voir jouer les acteurs de l'ombre.

De la même façon, lorsqu'on lit que deux incestes sur trois concernent des enfants de moins de onze ans et seulement un sur trente des enfants de plus de quinze ans [5], on peut se demander si c'est bien le caractère incestueux de l'acte qui est dénoncé et jugé insupportable, ou bien la violence imposée à un enfant prépubère ne possédant pas de libre arbitre. Si la plupart des incestes découverts s'inscrivent dans le cadre d'une maltraitance familiale, ne serait-ce que par l'âge des victimes, il en est d'autres, consentis, dont le nombre échappera toujours aux comptabilités de tout ordre. Même si tout inceste reste une violence culturellement symbolique, il ne doit pas être considéré obligatoirement comme venant d'un individu en détruisant un autre. Ce discours peut heurter, mais il est d'une grande importance par ses implications thérapeutiques.

Passons maintenant au deuxième point de la définition du *Petit Robert* qui indique qu'il s'agit de relations sexuelles entre un homme et une femme. Cela est vrai dans la majorité des cas, si l'on excepte les 8 % d'incestes père-fils et les 9 % d'incestes mère-fille [5]. Les rares incestes homosexuels qu'il m'a été donné de voir étaient particulièrement destructeurs pour l'enfant.

Enfin, *Le Petit Robert* indique que l'inceste concerne des relations sexuelles entre « parents ou alliés à un degré entraînant la prohibition du mariage ». Cette définition, *stricto sensu,* inclut 68 % des incestes concernant un mineur. Mais si, à l'instar de nombreux chercheurs, nous étendons la qualité d'incesteur aux « parents adoptifs, beau-père, concubin, belle-mère et concubine », le pourcentage passe alors à 85 % [5]. Se pose alors la question de la valeur d'une telle extension face à l'article 161 du Code civil qui postule que le mariage est interdit entre beaux-enfants et beaux-parents, si les beaux-parents étaient mariés. À l'inverse, en cas de concubinage, rien n'interdit à un concubin d'épouser la fille de la concubine, ou à une concubine le fils du concubin.

Pour donner plus de goût à notre imbroglio, on peut y amener le grain de sel de l'adoption plénière. Ce type d'adoption, comme chacun ne le sait pas, entraîne en France la suppression totale des liens avec la famille d'origine, conférant à l'adopté toutes les caractéristiques d'une filiation biologique. Appliqué à l'inceste, cela donne la chose suivante : le petit Fernando originaire du Pérou, adopté par la famille Durand, ne pourra jamais se marier avec la petite Li Piang venue du Sud-Est asiatique, et adoptée elle aussi par les Durand. Pourtant, le petit Fernando, pour autant qu'il s'en souvienne, n'a jamais connu de proximité filiative avec la petite Li Piang.

Autre situation particulièrement embarrassante : l'« inceste par procuration », indirect, dans lequel on peut peut-être voir l'une des illustrations de ce que Françoise Héritier nomme l'inceste de second type [6]. Il y a de cela quelques années, se présente à la consultation, accompagnée de ses parents, une adolescente âgée de douze ans qui a subi des attouchements sexuels. Le responsable, étranger à la famille, a été incarcéré. Pour la deuxième consultation, la famille nucléaire vient au grand complet : les trois sœurs, le père et la mère. L'aînée des filles, mariée, a fait huit cents kilomètres pour venir et m'avoue d'emblée avoir également été victime d'attouchements sexuels lorsqu'elle habitait chez ses parents. Et elle ajoute : « Ce qui est curieux, c'est que, comme pour ma sœur, c'était le meilleur ami de mon père qui avait fait le coup. Nous n'avons vraiment pas de chance. » Si, les deux fois, le coupable a été désigné et incarcéré, on peut néanmoins s'interroger sur le véritable responsable. Cette présentation pourrait sembler relever d'un procès d'intention mais, à l'époque, c'était une interrogation préventive d'autant plus salutaire qu'il y avait, dans cette famille, une troisième petite fille et que le père pouvait très bien se découvrir un troisième meilleur ami.

Ne tenant pas particulièrement à aller plus avant dans l'encerclement sémantique de l'inceste, qui risquerait fort de nous conduire à un siège dont chacun se lasserait, je souhaiterais, au travers d'une histoire clinique, examiner plus avant les fondements psychologiques, relationnels et culturels de ce péché familial. Cette réflexion systémique va nous éloigner de plus en plus de la théorie générale des systèmes.

Où il est question d'une famille ayant connu le péché d'inceste

Éric D. est âgé de cinq ans. Il nous est adressé par l'école maternelle, car malgré les deux séances hebdomadaires d'orthophonie depuis un an les progrès accomplis ne sont pas suffisants. Ce petit garçon est le troisième d'une famille de quatre enfants. Il y a l'aîné, Robert, seize ans, dont le père, violent et alcoolique, a quitté le domicile conjugal alors qu'il était tout petit. L'adolescent ne l'a plus revu depuis. Pendant huit ans, la mère est restée seule avec ce premier fils, jusqu'à ce qu'elle rencontre un autre homme, lui-même divorcé, dont la fille, Christelle, est actuellement âgée de seize ans. Le nouveau couple se marie, et deux nouveaux enfants viennent au monde : Éric et Bernard qui ont respectivement cinq et trois ans à ce jour. Madame D. n'a plus revu son mari depuis deux ans ; on lui a dit qu'il était parti en Afrique pour des raisons professionnelles.

Le petit Éric ne présente aucun antécédent médico-chirurgical. Son développement est décrit comme correct jusqu'à l'âge de deux ans. Puis, l'enfant connaît un épisode régressif majeur, avec troubles du sommeil, cris incoercibles, coprophagie et conduites autocentrées. Actuellement, il persiste essentiellement un gros retard de parole et de langage.

Au cours du premier entretien, Madame D. nous raconte ce qui s'est passé lorsque Éric avait deux ans : « Je pars toute seule pour accoucher de Bernard, laissant à la maison les trois enfants sous la garde de mon mari. Les suites de l'accouchement sont compliquées, et je dois rester à l'hôpital plus longtemps que prévu. Personne ne me rend visite en dehors de ma mère. Lorsque je reviens à la maison, Éric a des bleus sur les bras et les jambes, comme des pincements. Mon mari me dit que c'est Christelle qui lui a fait ça, et il ajoute qu'elle a eu raison, car Éric a été infernal et pleuré tout le temps. Quand j'interroge mon fils Robert, il me répond qu'il était consigné dans sa chambre et qu'il n'avait le droit de sortir sous aucun prétexte.

« J'ai vite remarqué que Christelle avait changé ; elle était bizarrement capricieuse, je ne la reconnaissais plus. Son père semblait en avoir fait " sa chouchoute ", au détriment de Robert. Quant à Éric, je crois que c'est à partir de ce moment-là qu'il a commencé à régresser. »

Peu à peu, l'ambiance familiale se dégrade et, quelques mois plus tard, Madame D. est le témoin de deux événements dramatiques : « Mon mari était de plus en plus absent. Heureusement, il y avait toujours Robert qui continuait à s'occuper des petits, mieux encore que leur propre père. Quand Bernard a eu neuf mois, Christelle a essayé de l'étouffer une première fois avec un oreiller. Je n'y croyais pas. Il a fallu qu'elle recommence une seconde fois, pour que j'appelle mon médecin. J'avais beau me sentir coupable, je ne pouvais pas faire autrement : le petit était déjà bleu. »

On dira de Christelle qu'elle a commis un acte de folie. Elle a été soignée et placée dans un foyer. Depuis, aucun membre de la famille ne l'a revue. En fait, Christelle a été incestée par son père qui, depuis, a disparu, en Afrique dit-on. Ce n'est que plusieurs semaines après son admission au foyer que l'adolescente a pu mettre en mots son désarroi. On a dit que l'acte de Christelle n'était pas tant de faire disparaître le petit que de commettre quelque chose de suffisamment grave pour pouvoir quitter la maison, sans être obligée d'accuser son père et en lui laissant le temps de se mettre à l'abri.

Où il est discuté du rôle de la mère dans le péché d'inceste

Le rôle tenu par une mère dans une situation d'inceste soulève un problème délicat. Le savait-elle ? Depuis quand ? Et pourquoi n'a-t-elle rien dit ? Comment est-il pensable que le dernier garant de l'intégrité d'un enfant puisse se faire le complice, plus ou moins conscient, d'un acte « contre nature » ? Un peu moins de 10 % des incestes mettent en cause la participation directe de la mère [4] et, dans la moitié des cas, il s'agit de femmes jugées malades mentalement. La situation incestueuse est souvent une situation triangulaire mise en scène par un partenaire particulièrement pervers. De fait, les horreurs que j'ai malheureusement pu rencontrer au cours de ma pratique étaient le fait de femmes pathologiques, utilisées par des hommes satisfaisant leurs propres désirs. Le plus souvent, donc, les mères ne sont pas concernées directement, mais elles semblent néanmoins vivre dans ce que l'on pourrait appeler une psychopathologie du silence. Statistiquement, en effet, il apparaît que la mère est informée des abus de façon certaine dans 30 % des cas et de façon vraisemblable dans 24 % [5].

Pour expliquer ces chiffres, on invoque souvent la double ambivalence de la femme confrontée à ce genre de situations : la peur du conjoint associée au désir de le protéger, et le souhait de s'en séparer, qui va de pair avec une dépendance qui l'en empêche. Tous les intervenants se sont, un jour ou l'autre, interrogés sur les raisons de cette ambivalence qui amène certaines mères à ne pas voir ce qui se passe sous leur toit, et parfois dans leur propre lit. L'une d'elles, dont le mari était en prison, m'a un jour dit à propos de sa fille : « J'avais pourtant toutes les cartes en main pour comprendre ce que son père lui faisait, mais la douleur de ma fille me faisait revivre ma propre douleur d'enfant, celle que j'avais vécue avec mon propre père. Je ne voulais pas voir, ou plutôt je ne pouvais pas voir. C'était insupportable. » Si cette femme est aveugle, c'est parce que se joue entre sa fille et son mari quelque chose qui la transporte dans un passé douloureux qu'elle cherche à fuir. Ainsi précipitée dans un comportement de fuite, elle va se trouver prise, malgré elle, dans l'engrenage d'une situation qui met son mari à la merci de son silence. Dès lors, le dévoilement de l'inceste devient inconsciemment impensable, d'une part parce qu'il ferait rejaillir un passé douloureux intolérable, et, d'autre part, parce qu'il ferait cesser ce « jeu » subtil et destructeur, supprimant ainsi la vengeance à laquelle elle n'a pu accéder dans son enfance. Tant que cette femme est silencieuse, elle tient puissamment le représentant de son père à sa merci, dans une vengeance quotidienne qu'une incarcération ne suffirait pas à assouvir.

On pourrait aussi dire que certaines mères, ayant connu de nombreuses ruptures dans leur propre famille, restent attachées à l'idée mythique d'une bonne famille unie, qui serait rompue par les conséquences d'un dévoilement. C'est le cas de Madame D., la mère du petit Éric, femme d'origine modeste, qui a été placée en internat à l'âge de huit ans, ce qu'elle explique de la façon suivante : « Mes parents étaient commerçants et ne pouvaient pas s'occuper de moi. » Nous apprendrons plus tard que Madame D. a bien été placée dans divers internats et familles d'accueil depuis l'âge de huit ans, mais pour inceste.

Selon l'étude menée par Albert Crivillé en 1994 et l'enquête de l'Association départementale de la sauvegarde de l'enfance et de l'adolescence du département l'Aisne [5], il semblerait que 65 % des mères aient connu, à l'instar de Madame D., des ruptures dans leur passé. Et c'est ce passé de ruptures qui impose, parfois, l'attitude de complicité. En se taisant, la petite fille devenue mère défend l'éclatement familial et satisfait un double lien : maintenant par son silence la situation incestueuse actuelle, elle demeure fidèle au péché d'inceste de sa famille d'origine mais aussi à son souhait le plus cher d'avoir, contrairement à ce qu'elle a vécu dans sa propre enfance, une famille heureuse et unie. Soumis au questionnement, l'inconscient de ces mères pourrait dire : « Par mon silence, je suis fidèle à mon inconscient car, à l'image de ma famille originelle, je vis dans une famille éclatée. Mais je reste aussi en accord avec mon conscient, car l'image sociale que je donne de ma famille actuelle est celle que je souhaite par-dessus tout : celle d'une famille unie. » Le fondement de cette loyauté, au sens où l'entendait Ivan Boszormenyi-Nagy, est donc à chercher dans la parenté, dans le devoir éthique que tout enfant devenu mère ou père éprouvera toujours envers ses propres parents [7]. Mais il est vrai aussi qu'on peut, plus trivialement, expliquer le silence maternel par la dictature maritale qui, en entraînant la peur et la confusion, va non seulement paralyser la famille, mais aussi les intervenants. Et c'est là qu'il nous faut parler du doute, sentiment que les professionnels connaissent bien.

Où il est raconté comment on peut douter de l'existence du péché d'inceste

On sait mieux depuis Thouvenin combien douter est une attitude constante chez les professionnels qui travaillent auprès de familles incestueuses [8]. Qualité éminemment salutaire par ailleurs, le doute devient pathologique quand, niant toute évidence, il se met à jouer une fonction inhibitrice aux trois niveaux de l'intervention : l'identification des faits, la prise de décision et la poursuite de l'action.

En dehors des résonances personnelles qu'il peut avoir en chacun de nous, le doute si fréquent chez les professionnels s'explique notamment par la dynamique propre aux familles incestueuses, dont les modalités de fonctionnement sont généralement simples, rigides et plus ou moins fermées. Comme l'écrit Boris Cyrulnik, « on peut décrire les familles à transactions incestueuses comme des familles closes où les rôles, les gestes et les énoncés ne sont pas codés. On ne sait pas qui est qui, qui fait quoi, et qui doit dire quoi [9] ». Or une des particularités de ces systèmes est leur capacité à exporter leurs règles de fonctionnement auprès des intervenants extérieurs. De nombreuses heures de supervision m'ont ainsi appris que l'un des principaux pièges était de se retrouver paralysé au même titre que les membres du groupe familial. La capacité de ces systèmes à semer le doute à l'intérieur de la famille, en figeant les capacités critiques des uns et des autres, s'exerce souvent avec la même force auprès des intervenants sociaux et éducatifs.

Mais ce doute professionnel vient aussi de ce que nous n'avons pas, actuellement, de réponses satisfaisantes au problème de l'inceste, depuis son signalement jusqu'à sa réparation. Chacun sait au fond de lui-même combien il est difficile de savoir *a priori* si le dévoilement suscité chez l'enfant n'entraînera pas une souffrance plus grande que la situation vécue dans sa famille, et bien délicat de dire, dans les cas incertains, si le signalement de l'inceste constituera la suite d'un calvaire ou la première étape d'un soulagement.

Il ne s'agit évidemment pas, fort de ces constatations, de laisser entendre qu'il ne faut pas signaler l'inceste, mais de s'interroger sur notre perfectibilité face aux modalités de ce signalement et à la prise en charge des enfants incestés. Trois aspects méritent en particulier qu'on s'y arrête. Le premier concerne l'aveu, qui place chaque professionnel dans un dilemme cornélien. Hubert Van Gijseghem nous en donne un aperçu : « Dans le cas des victimes d'inceste et d'abus sexuel, il y a lieu de se demander si l'on ne serait pas allé trop loin dans la sollicitation de la parole. Nous pensons que nombre d'intervenants, mus par un désir sincère de réparer, donnent dans un véritable acharnement thérapeutique qui fait souvent fi des besoins de l'enfant abusé. Partant du principe que l'enfant doit mettre en mots, on crée souvent ce que Michel Foucault appelait une “ dictature de l'aveu ” ou du parler. Ainsi, l'enfant présumé abusé est plus ou moins poussé au dévoilement dans un but de protection. Néanmoins est-il nécessaire d'assommer l'enfant pour le “ sauver ” ? Par son éventuel silence, l'enfant protégerait-il quelque chose de plus vital, c'est-à-dire qui va davantage dans le sens de sa survie psychique [10] ? »

Quand le dévoilement est fait, la procédure fait passer l'enfant par un autre chemin de croix, indispensable à la recherche de la preuve : l'expertise médico-chirurgicale. Sans entrer dans les détails, tous les experts pédiatres et gynécologues savent bien que malgré leur savoir-faire et toutes les précautions cette étape obligatoire présente pour l'enfant ou l'adolescent les caractères d'un second viol. Et l'épreuve de l'enfant ne s'arrête pas là, elle se poursuit généralement par une expertise psychologique destinée à établir le niveau de souffrance de l'enfant. Quand cela est nécessaire, c'est-à-dire quand la preuve formelle physique n'a pu être établie par les experts médico-chirurgicaux, cette expertise vise à faire un diagnostic de crédibilité, autrement dit à déterminer si l'enfant est mythomane ou non... Quand les aveux de l'incesteur ne sont pas obtenus et que la loi du silence verrouille le fonctionnement familial, tout l'avenir de la procédure repose donc sur l'enfant.

Enfin, nous ne savons absolument pas aujourd'hui si le fait de dévoiler est un bien ou pas pour l'avenir psychologique de la victime. C'est le problème général de la victimisation secondaire qui peut, ici, toucher de plein fouet un être en devenir. Comme le rappelle Hubert Van Gijseghem, les résultats de certaines études semblent inviter tout particulièrement à la prudence : « Une étude sur les problèmes que présentent des femmes abusées pendant leur enfance ne signale pas de différences significatives entre celles qui avaient dévoilé et celles qui s'étaient tues (Draijer, 1988).

Deux autres études, celle de Bagley et Ramsey (1984) et celle de Finkelhor (1979), ne trouvent aucune relation entre le dévoilement ou son absence et le développement de séquelles à long terme. Nous avons nous-mêmes conduit une étude rétrospective dont les résultats suggèrent que l'enfant abusé qui a gardé le secret serait moins perturbé à l'adolescence que l'enfant qui l'a dévoilé (Van Gijseghem et Gauthier, 1991) [10]. »

Où il est discuté de la place de l'homme dans le péché familial d'inceste

Les chiffres montrent que 40 à 50 % des pères ont connu une rupture dans leur passé. Toutefois, seuls 10 % disent avoir été victimes de mauvais traitements, dont 2 % d'abus sexuels [5]. D'une façon générale, le taux et la diversité des résultats concernant la répétition intergénérationnelle ne semblent pas fournir d'éléments permettant d'établir une relation certaine entre un passé de victime et un comportement incestueux. Il semble notamment qu'on trouve dans les situations d'inceste un pourcentage plus élevé de pères abuseurs ou de mères d'enfants victimes qui n'ont *pas* eux-mêmes été victimes d'abus dans leur enfance [5].

Même si cette notion est contestée dans certains travaux [11], le problème de la reconduction est si prégnant dans les débats qu'il mérite qu'on s'y arrête. Quand on parle de reconduction, on ne sait pas en effet si on sous-entend par là un comportement acquis par un contexte familial particulier ou bien une situation née d'une génétique indépassable. Éthologiquement parlant, si nous sommes tous des incesteurs potentiels, puisque notre premier objet d'attachement est notre mère, le passage à l'acte incestueux ne peut se comprendre que par rapport à une faillite contextuelle, quand les mécanismes d'inhibition issus en grande partie de notre culture font défaut [12]. Dans ces conditions, le contexte de l'acte incestueux paraît loin devant la génétique de l'inceste dans la responsabilité du passage à l'acte.

Si la question de la reconduction intergénérationnelle de l'inceste est si vivace, c'est peut-être aussi parce qu'elle dérive d'une confusion, collectivement inconsciente, avec la notion de récidive. Selon une étude rapportée par Van Gijseghem, les taux de récidive varient de 30 à 70 % selon les approches, et selon le profil psychologique de l'abuseur [5]. Cette étude montre que dans le cas d'agressions sexuelles (et non d'incestes) la notion de récidive est une réalité tangible. Si on peut donc éventuellement penser que celui qui a agressé sexuellement agressera, il est, par contre, beaucoup plus hasardeux d'affirmer que le fils ou la fille de celui qui a agressé sexuellement agressera.

Pour en revenir plus précisément aux hommes incesteurs, la littérature indique leur bonne intégration sociale, tout en montrant un profond clivage de leur personnalité [2, 5, 11, 13]. Derrière une façade de respectabilité, d'obséquiosité et de déni parfois larmoyant, se cache souvent une profonde violence assujettissant l'ensemble de la famille. Rejoignant l'ensemble des travaux menés sur le sujet, Michelle Rouyet et Marie Drouet écrivent ainsi : « Le plus souvent, le père incestueux donne l'apparence d'un père irréprochable, il ne se fait pas remarquer dans son travail, et il a peu de contacts avec les autres. Paradoxalement les conduites incestueuses à l'égard des enfants vont de pair avec un attachement aux valeurs traditionnelles. Mais l'isolement de la famille, l'absence de contacts extérieurs pour les parents et pour les enfants sont délibérés, comme s'il voulait que tous demeurent rassemblés à ses côtés [13]. »

Ce clivage, cette double image du père, pose un grand problème thérapeutique dans la mesure où la structure psychique de ces hommes semble souvent construite de façon à empêcher toute prise de conscience. La notion de péché n'existe pas chez ces pères et la plupart des spécialistes s'accordent pour dire qu'il faut, quand on le peut, « utiliser » les mères comme pivot de la thérapie, car leur sentiment de culpabilité, pour ne pas avoir réussi à sauver leur enfant, rend souvent leur pronostic de traitement plus favorable que celui des pères réfugiés dans une position de déni [11].

En outre, l'attitude de ces pères envers leur enfant est rarement univoque. Tour à tour tendres et rejetants, ils créent un brouillage relationnel, qui n'est pas sans rappeler ces pères alcooliques qui font preuve d'une grande tendresse à jeun et d'une grande violence sous l'emprise de l'alcool. De fait, les études montrent que l'alcool mais aussi la maladie mentale participent de cette ambiance équivoque, puisqu'il y a, parmi les hommes qui incestent, entre 50 et 60 % de violents alcooliques et environ 25 % de malades mentaux [5]. Les enfants s'y retrouvent rarement dans ce régime quotidien de douche écossaise, où alternent les marques de violence et de tendresse.

Pour certains pères, ce comportement est le signe d'une faiblesse qui tente désespérément de s'affirmer face au pouvoir démesuré d'un conjoint. La maîtrise de l'enfant comme objet sexuel est propre à maintenir l'illusion d'une autonomie, mise en péril quotidiennement par la puissance familiale de la mère. Je me souviens ainsi d'un père de famille, issu d'une famille « matriarcale » où la mère avait plein pouvoir sur les enfants. Cet homme, qui n'avait par ailleurs jamais été incesté, semblait répéter ce type de modèle familial avec son épouse, laquelle avait une emprise absolue sur le groupe des enfants, dont il faisait lui-même partie. Il n'avait plus aucun rapport sexuel avec sa femme, puisqu'il était enfant, mais une relation incestueuse avec la fille aînée, faite d'amour et de violence, par laquelle il reproduisait, avec les autres enfants, un microsystème familial dont il était le maître absolu.

Où il est question d'un enfant incesté

Quand on analyse les courbes de fréquence des abus en fonction de l'âge des enfants, deux pics apparaissent : entre quatre et neuf ans et entre douze et quinze ans, ce qui coïncide avec les stade de l'œdipe et de l'adolescence où l'enfant est assurément particulièrement « sensible » aux situations qui ont un lien direct ou indirect avec la sexualité. Cela dit, il n'est pas question de renverser la vapeur en établissant une quelconque preuve d'un enfant incestant ses parents, mais de prendre en compte ce qui peut le rendre plus vulnérable à la séduction d'un adulte.

Durant les périodes œdipienne et adolescente, profondément désorganisatrices, l'enfant a besoin d'interdits structurants pour maîtriser des pulsions sexuelles particulièrement fortes. Ce n'est évidemment pas à l'enfant d'annihiler ses désirs, car cette annihilation entraînerait une impuissance incompatible avec son narcissisme, mais aux parents de poser des interdits, parce qu'il n'est plus alors question du désir propre de l'enfant mais de l'interdit parental de l'expression de ses désirs [2].

Après seize ans, les phases tumultueuses des pulsions inavouables, incestueuses, paraissent repasser dans l'ombre, et le nombre des incestes déclarés diminue. Joint à l'indépendance psychoaffective de plus en plus grande de l'adolescent, le sentiment de sa propre identité, avec pour corollaire l'aptitude à se défendre, y est certainement pour quelque chose. Passé cet âge, se pose néanmoins la question des incestes dont le dévoilement ne se fera jamais en raison du silence de ces « grands » adolescents. Parler de complicité en tant que telle nous paraît difficile dans la majorité de ces cas ; l'explication semble davantage multifactorielle : crainte d'une violence physique ; obnubilation par une véritable emprise psychique ; loyauté par rapport à un père qui, en disparaissant, risquerait d'emporter avec lui le père adoré d'avant l'inceste ; sentiment de puissance suscité par le non-dévoilement ; honte d'une adolescente qui va traîner comme un boulet le fait d'avoir été touchée par son père [14].

Où l'on débat de l'existence, ou non, d'un type particulier de famille à l'origine du péché d'inceste

On estime aujourd'hui qu'environ 56 % des signalements d'inceste sont le fait des services médico-sociaux, contre seulement 16 % pour la famille elle-même [5]. On a également pu constater que très peu de couples se séparaient, même après le dévoilement, et que l'incarcération du conjoint, par un effet d'adversité, pouvait paradoxalement avoir des répercussions bénéfiques et renforcer les relations conjugales. Ces éléments semblent mettre en évidence une dynamique familiale particulière qu'il convient maintenant d'examiner.

La plupart des études sur le sujet font état de caractéristiques relationnelles particulières. Elles signalent notamment la confusion des registres éducatifs, émotionnels et hiérarchiques, qui modifie les liens de parenté et de filiation et fait apparaître des rapports non point familiaux, mais de familiarité. Ainsi, le père n'a plus son rôle, car l'un des fils l'en a dépossédé, ou bien la mère et la fille ont des rapports exclusifs de complicité, ou encore les frontières de filiation entre un père et son fils ont cessé d'être nettes.

Je pense ainsi à l'histoire dramatique de ce jeune garçon de douze ans, violé par un adulte totalement inconnu de la famille, dans des conditions si particulières que l'on en venait, inévitablement, à se demander dans quelle mesure il ne l'avait pas fait exprès. Depuis, son père le rejetait et s'en expliquait en disant : « C'est comme s'il nous avait trahi. Je ne peux plus l'approcher tellement il me paraît sale. » La mère, elle, semblait dépassée par la violence de la réaction paternelle : « Je ne comprends pas mon mari. Ils étaient liés comme les doigts d'une main, avant... Vu ce qui lui est arrivé, il devrait s'occuper davantage du petit, et il le rejette ! » De fil en aiguille, la dynamique relationnelle de cette famille s'est précisée, amenant à se demander si le viol de ce garçon par un inconnu était un malheureux hasard ou une nécessité imposée par l'existence étouffante d'une dynamique fusionnelle père-fils...

Dans bon nombre de familles, cette indistinction des frontières se manifeste de façon privilégiée par l'occupation de l'espace domestique. Ainsi, au moment de l'abus, 68 % des enfants victimes ne disposent pas de chambre individuelle et 19 % d'entre eux n'ont même pas de lit personnel. Lorsque l'enfant partage sa chambre, il le fait deux fois sur trois avec un ou plusieurs frères et sœurs et, dans pratiquement un cas sur trois, il dort dans la chambre des adultes. Fait remarquable, dans la plupart de ces situations, cette promiscuité familiale n'est pas induite par des raisons matérielles mais par la dynamique du groupe concerné [5]. On peut se dire alors que le plus important, par-delà cette promiscuité familiale, c'est son historisation.

Dès lors, on comprend qu'il ne s'agit pas de donner à cette promiscuité une réponse sociale, en permettant à la famille, par des aides financières, d'occuper un plus grand appartement. Il est probable, dans ces conditions, que le travailleur social sera surpris lors de sa visite inaugurale du peu de changements occasionnés par le déménagement. En revanche, une analyse de la promiscuité qui prend en compte l'histoire familiale révélera sans aucun doute que la promiscuité ne tient pas à des difficultés financières mais à une indifférenciation des individus. Elle permettra alors de mettre en place des actions visant non pas à agrandir à tout prix l'espace familial, mais à faire en sorte que le futur grand appartement puisse être investi dans sa totalité. Le travail thérapeutique de Mac Goldrick sur les génogrammes familiaux [15] ou de Neuburger sur les greffes mythiques [16] s'inscrivent dans une telle perspective. Dans un cas comme dans l'autre, il s'agit d'amener la famille à modifier la place occupée par chacun de ses membres en la faisant parler des facteurs qui ont présidé à cette distribution de l'espace.

Apparemment, la famille B. n'est pas enchevêtrée, et pourtant elle vient me parler des relations sexuelles que le fils aîné, âgé de seize ans, a eu avec sa petite sœur de six ans. Celle-ci dit que son frère l'a embrassée sur la bouche et lui a touché le sexe, avant de lui demander de toucher le sien. Cela se serait produit deux fois. Le frère a avoué sans difficulté en s'effondrant en larmes. Depuis, il est plus solitaire et renfermé que jamais, et toute la culpabilité de la terre semble s'être abattue sur chacun des membres de cette famille qui ne sait plus quoi faire pour réparer. Chacun s'accuse de la responsabilité de ces relations incestueuses, qui ont pris l'allure d'un véritable péché. Pourtant, nous l'avons dit, il ne s'agit pas d'une famille enchevêtrée, et la frontière entre parents et enfants est bien respectée.

En revanche, le groupe semble fermé sur l'extérieur, qui est vu dans la mythologie familiale comme un espace dangereux. Toutes les sorties se font donc en famille et les enfants n'ont aucune activité extérieure en dehors de leur scolarité d'ailleurs brillante. L'entente du couple est très forte, basée sur un idéal éducatif qui fait peser sur les enfants, et en particulier sur l'aîné, une véritable chape d'hyperprotection empêchant la recherche légitime d'une autonomie sexuelle au-dehors.

Le travail que cette famille a pu faire s'est effectué en deux temps : celui de l'urgence imposée par la culpabilité souffrante de l'adolescent et celui de la remise en question des mythes familiaux d'hyperprotection. Il fallait d'abord que l'ensemble de la famille trouve une tâche à l'adolescent qui lui permette de rembourser la dette qu'il avait contractée à l'égard de sa sœur et des autres membres. La famille a été son propre tribunal, ce qui, malgré la simplification de la procédure, a été extrêmement efficace. Lorsqu'elle a pu s'extraire de sa culpabilité et parler, nous avons, tous ensemble, envisagé d'autres mythes familiaux que ceux qui avaient conduit à ce désespoir.

Où il est question de la lecture que peut faire la société du péché de l'inceste

Dans l'espace mal cloisonné de la maison féodale, le péché de l'inceste devait être particulièrement foisonnant. Mais s'agissait-il d'un véritable péché, vécu dans la culpabilité, ou simplement d'une faute que l'on s'efforçait plus ou moins de cacher [17] ? D'ailleurs, l'usage de s'entasser dans des lits est demeuré longtemps une coutume générale. Peut-on imaginer que cette société ait exclu les dérapages permis par la cohabitation intime du lit ? Que faire, dans ces conditions, de l'universalité de l'interdit de l'inceste quand les historiens et les ethnologues eux-mêmes relativisent cette notion ? En admettant qu'il soit bel et bien universel, chaque société ne s'en accommode-t-elle pas en le mettant en forme à sa façon, à la manière de cet Indien colombien qui trouvait inconcevable que dans la tribu ennemie les pères couchent avec leurs filles, mais qui jugeait normal que dans sa propre tribu la fille prenne la place de la mère défunte [18] ? Chez les humains, il semble bien que ce soit la conscience de la transgression qui crée le sentiment incestueux et son vécu douloureux qui institue le péché d'inceste. Quoi qu'il en soit, malgré l'interdit, l'inceste se produit, et on en parle – trois ingrédients qui semblent indiquer qu'il fait partie de notre patrimoine intime. Pour Aldo Naouri, d'ailleurs, tout commence par la relation mère-enfant qui est « un inceste normal » sans passage à l'acte [12]. L'existence même de certains rêves ou fantasmes montre, en outre, que le sentiment incestueux existe en chacun de nous, que sa mise en réalisation est pensable et que son interdiction, sa mise en forme, est une des tâches assignées à la culture [19].

Si on saute cavalièrement quelques siècles d'histoire, voici, en effet, ce qu'on peut lire dans l'*Encyclopédie du XIXe siècle* [20] : « Inceste : on appelle de ce nom les unions flétries avec énergie par la loi religieuse et morale, soit qu'elles aient lieu entre personnes étroitement liées par le sang, soit qu'elles constituent la violation d'un devoir religieux de premier ordre. Ainsi, dans le langage du droit romain qui nous a légué ce mot, on comprenait sous la dénomination d'inceste non seulement l'union entre parents au degré prohibé, mais aussi le crime de la vestale qui violait son vœu de chasteté. Le droit canonique connaît aussi un inceste spirituel, c'est-à-dire le crime que commet un homme avec une religieuse ou un confesseur avec sa pénitente. Grâce aux enseignements de la morale chrétienne, l'inceste entre proches parents est aujourd'hui considéré comme le plus abominable des crimes et ces enseignements ont tellement agi sur nos mœurs que les passions qui le font commettre ne se manifestent que très exceptionnellement [...]. Peut-être parce qu'il a supposé ce crime trop étranger à nos mœurs, le législateur moderne ne l'a-t-il réprimé qu'indirectement par la loi pénale. »

Dans cette définition, où il est fait largement mention du péché, l'enfant est étrangement absent et, prenant appui sur ce constat, on pourrait penser que la culture du XIXe siècle se désintéresse du sort des enfants agressés sexuellement. Pourtant, Anne-Marie Sohn [21] indique qu'entre 1826 et 1860, le chiffre des viols est passé de 136 à 684 par an. On en vient donc à se demander si, malgré le peu d'intérêt que porte l'*Encyclopédie* aux maltraitances sexuelles de l'enfance, on ne commence pas à ouvrir les yeux. Un peu plus tard, d'ailleurs, en 1886, dans sa thèse de médecine, le Dr P. Bernard fait mention de 7,85 % d'enfants abusés sur une population de 10 000 habitants.

Toutefois, malgré l'évidence des maltraitances sexuelles chez l'enfant et l'attention de certains scientifiques comme Lacassagne, Charcot ou Brouardel, le XIXe siècle, dans l'ensemble, continue de souffrir de cécité morale. Les violences privées sont rarement retenues par le filtre judiciaire, et il faut que l'enfant meure ou soit gravement atteint pour que le fait passe dans le domaine du ministère public. L'intérêt de l'assistance publique se porte d'ailleurs davantage sur l'éducation infanto-juvénile que sur le sort des victimes de l'inceste, puisque le phénomène n'est pas reconnu et, donc, n'existe pas.

Où il est question d'une cinquième conclusion

Il faudra encore attendre un siècle et l'influence notable des mouvements féministes américains dans les années 1970, pour qu'apparaisse le terme d'abus sexuel. Soit dit en passant, le terme est particulièrement malheureux, car il sous-entend qu'on pourrait « user » d'un enfant et que son abus est seul répréhensible. Attendre 1970 pour voir apparaître sur le marché de l'insoutenable et du voyeurisme le péché d'inceste ne veut évidemment pas dire qu'il procède d'un phénomène de génération spontanée, mais que le socio-politico-économico-administratif est enfin prêt à en parler.

Car, comme tout péché familial, l'inceste est au carrefour de l'individu, de sa famille et de la culture. Si la société déclare la faute, c'est la famille qui vit le péché. Voilà pourquoi, comme le dit Boris Cyrulnik, « certains ne se représentent pas la tragédie incestueuse ; pour eux, ce n'est qu'une petite affaire. D'autres sont rongés par un sentiment d'inceste, alors que la culture ne sait plus faire le compte de ce qu'elle interdit. Voilà pourquoi le diable ne se sent pas coupable, alors que les anges souffrent à l'idée de faire souffrir [9] ».

– 6 –

ARGENT

Depuis le Moyen Âge l'argent représente une source énergétique très importante dans la création, le maintien ou la rupture des liens familiaux. Mais il est clair que, selon les époques, cette énergie de liaison a pris différentes valeurs. Dès 1892, Émile Durkheim indiquait cette variabilité des rapports du couple aux biens matériels, en écrivant : « Nous ne sommes attachés à notre famille que parce que nous sommes attachés à la personne de notre père, de notre mère, de notre femme, de nos enfants. Il en était tout autrement autrefois, où les liens qui dérivaient des choses primaient au contraire ceux qui venaient des personnes [1]. »

Suivant ce constat, une enquête récente de Jean-Marie Bretagne montre que l'argent ferait actuellement partie des valeurs qui laissent les familles et les couples indifférents [2]. Ce qui semble vouloir dire, comme le soulignait déjà Durkheim, que la trivialité de la possession serait reléguée au second plan derrière la noblesse du relationnel. Malgré le romantisme de ces conclusions, un grand doute étreint le praticien que je suis, d'autant qu'une autre enquête, faite par un autre journaliste pour un autre journal, établit que l'argent serait, au contraire, la principale source de discorde conjugale chez les hommes et le deuxième motif de dispute chez les femmes, juste derrière l'épineuse question de l'éducation des enfants [3]. Un des moyens de comprendre la contradiction apparente de ces deux enquêtes serait-il de supposer que la valeur familiale attribuée à l'argent ne dépend pas simplement des cours boursiers mais, aussi, des cotations affectives ?

Ainsi, quand tout va bien, les couples et les familles parlent rarement d'argent et font le pari d'un merveilleux amour éternel, où seule la permanence du lien affectif importe – ce qui pourrait expliquer, du reste, que huit personnes sur dix, aujourd'hui, se marient sans contrat [4]. Quand tout va mal, au contraire, il semble que l'argent partage alors avec les enfants, et les belles-mères, le champ de bataille des affects déçus.

Ce préambule montre à l'évidence que l'argent de la famille sert aussi la comptabilité des liens conjugaux. Si les bons comptes font les bons amis, le livre comptable des affects n'est pas le même que celui de la Banque de France, car les baisers et les frustrations entrent dans une balance commerciale au même titre que les billets et les chèques. Bref, l'argent de la famille n'est pas l'argent du banquier, et si celle-ci l'utilise quotidiennement dans un péché, c'est après avoir blanchi ses écus dans le triple bain de la psychologie individuelle, de la dynamique familiale et du contexte culturel.

Où il est question d'un péché enraciné dans la psychologie de l'individu

Dans un texte de 1917, Freud fait un parallèle symbolique entre la représentation psychoaffective du stade anal et celle de l'argent, mettant ainsi en relation le psychisme de l'individu avec son carnet de chèques. Voici en effet ce qu'il écrit à propos des excréments et des cadeaux : « Répétons dans une forme absolument irrécusable que ces éléments sont fréquemment traités dans l'inconscient comme s'ils étaient équivalents les uns aux autres et comme s'ils pouvaient se substituer sans inconvénient les uns aux autres [5]. » Ces propos font écho à ce que nous avons dit en ouverture de ce chapitre, à savoir que les affects et l'argent sont dans un lien de parenté étroit. Pour être plus exact, la valeur affective de l'argent n'est pas exclusivement liée au stade anal ; elle acquiert une signification différente selon l'importance psychologique prise par l'un des deux stades du développement psychoaffectif de l'enfant que sont l'oralité et l'analité.

Toute perturbation de la période orale précoce pourra ainsi entraîner plus tard chez l'individu un besoin vital d'argent auquel sera conférée une fonction de remplissage et de plénitude, sans valeur symbolique par rapport à autrui. À ce stade, en effet, on sait que le petit enfant ressent la faim avec le vide de l'angoisse et vit le remplissage nourricier avec soulagement. Le nourrisson vit alors dans un monde où les êtres qui l'entourent sont encore peu individualisés et où les échanges ne passent pas encore par la reconnaissance de l'autre comme individu à part entière. La femme qui le nourrit est apparentée au biberon remplisseur, et ce n'est que peu à peu qu'elle prendra la forme d'une maman. On peut considérer que l'ancrage de la psychogenèse de l'envie se fait durant cette phase d'oralité précoce, car l'envieux, par définition, ne supporte pas que l'autre soit plein. Sa raison de vivre s'accomplit dans le remplissage, quel qu'il soit, y compris négatif, c'est-à-dire dans la destruction du plein d'autrui.

Dans la phase suivante, appelée stade anal, le sujet est devenu individualisé par rapport à l'objet, ce qui veut dire que la mère existe désormais en tant que telle et non en tant que fonction alimentaire. Ce qui veut dire aussi, puisque l'autre existe, qu'on peut lui donner ou lui refuser un cadeau au travers de la fonction excrémentielle en récompense ou en punition de ce que la mère aura bien voulu donner. À ce stade, le narcissisme du sujet ne passe plus par le remplissage, mais par l'opposition ou l'offrande à l'autre. Le lecteur aura compris qu'il faut y voir l'assise de ce qui deviendra plus tard la jalousie véhiculée par l'argent. À la différence de l'envie suscitée par le besoin vital de l'oralité précoce, la jalousie suppose la reconnaissance de l'autre, et l'argent peut prendre alors une valeur symbolique de règlement de compte à travers l'excès des dépenses, la prodigalité ou l'avarice.

La compréhension de ces stades psychoaffectifs et leur relation avec les rapports que l'individu crée à l'argent est importante car, comme le dit Jean Lemaire, « chaque fois que dans le couple l'un ou l'autre des partenaires se trouvera en danger narcissiquement, il aura recours à des modes d'organisations défensives qui correspondront aux fixations auxquelles il sera contraint de régresser : l'oralité ou l'analité [6] ». Ainsi, l'agressivité autour du bien possédé et de l'argent pourra prendre soit l'aspect de la jalousie, avec l'idée que l'autre possède quelque chose qui nous est dû, soit une forme beaucoup plus archaïque, l'envie, où il est impossible, mais inavouable, d'admettre que l'autre puisse être en possession de quelque chose [7].

Où il est discuté des enfants capricieux

La lecture de l'article de Marie-Laure Dimon [8] sur la différence psychopathologique entre l'enfant gâté et l'enfant-lierre nous amène maintenant à raconter l'histoire d'Henri. Il nous paraît en effet important de voir comment la jalousie peut se comprendre dans la relation d'objet du premier et l'envie s'inscrire dans l'oralité précoce du second. Il ne s'agit pas simplement d'une question théorique car la distinction entre ces deux modalités relationnelles de l'enfant à son entourage ont été de nature à modifier notre approche thérapeutique.

Henri a douze ans quand nous le voyons pour la première fois. Il a frappé sa mère car celle-ci refusait de lui acheter un scooter. Sur le plan clinique, cet adolescent va mal depuis longtemps ; il vit en particulier des moments d'intense anxiété qui font suite aux épisodes violents qui l'opposent à sa mère. Le père est souvent absent pour des raisons professionnelles. Lorsqu'il est de passage à la maison, ses interventions éducatives se font à contretemps. Le plus souvent, ses réactions différées sont très mal comprises par l'ensemble de la famille qui n'en tient pas compte.

Henri est un garçon riche en intelligence mais pauvre en expression verbale. Quand il s'énerve, il ne parle pas, mais s'agite, se frappe et répète qu'il n'est « rien ». Son rêve, plus tard, est de devenir riche pour pouvoir rester chez lui et se payer ce qu'il veut. Les précédentes tentatives de psychothérapie individuelle ont été des échecs, et l'adolescent vit toujours avec la même souffrance, des caprices qu'il a de plus en plus de mal à refréner.

Couvé par sa mère et sa grand-mère, Henri a été scolarisé tardivement, à l'âge de six ans, et les deux femmes ont alors redoublé d'attentions tant l'école représentait à leurs yeux une source de dangers majeurs pour le petit. L'enfant a été « rempli » de nourriture, de cadeaux et d'argent par un amour-passion maternel et une absence paternelle. Aucun interdit n'a jamais été fixé pour lui permettre de trouver ses limites et, de ce fait, son identité. Non seulement tous ses désirs étaient comblés, mais ils étaient même précédés : on n'attendait pas que l'enfant demande, on achetait tout ce dont on supposait qu'il avait besoin.

Aujourd'hui, Henri exige de plus en plus de choses, de plus en plus difficiles à obtenir, mais sa famille essaie néanmoins de le satisfaire de son mieux et souvent en cachette. Tout est pour Henri, et c'est dans une oralité qui paraît sans limite que l'argent, et ce qu'il procure, prennent un sens pour l'adolescent. C'est l'enfant-lierre dont parle Marie-Laure Dimon, celui qui a besoin du mur maternel pour se développer : si celui-ci s'effondre, il n'a plus de consistance et meurt à son tour. Tel un nouveau-né, il se trouve dans une relation orale précoce qui nécessite un remplissage constant par une mère dont il a besoin pour exister mais dont il n'a pas de notions précises, car leurs deux mondes sont confondus. Ses envies ignorent l'autre en tant que tel, car seul compte l'impératif du remplissage, et s'il envie l'autre, ce n'est pas tant l'argent ou ses objets qu'il veut : ce qu'il ne supporte pas, c'est que l'autre soit rempli, car cela lui donne la notion toute relative d'un vide intolérable.

Tout cela pourrait être la description du monde abyssal d'un enfant psychotique mais, heureusement, la psychopathologie est rarement celle des extrêmes et pratique le plus souvent un entre-deux bienvenu pour les thérapeutes. Ainsi le monde d'Henri ne paraît pas totalement anobjectal, car l'adolescent, par ses passages à l'acte anxieux, manifeste sa souffrance sans pour autant clairement l'exprimer. Henri souffre confusément de ses « caprices », mais sans pouvoir pleinement exprimer la culpabilité qu'il en ressent. C'est en cela que l'univers de cet adolescent rappelle aussi celui de l'« enfant gâté [9] » qui, lui, désire pleinement dans une relation objectale, ayant dépassé l'oralité de l'enfant-lierre et pleinement intégré la reconnaissance d'autrui. Quand il veut quelque chose de l'autre, l'enfant « gâté » sait qu'il s'adresse à une personne à part entière et, selon l'importance et le contexte de cette demande, pourra naître en lui la culpabilité de la demande.

Ainsi, finalement, le monde d'Henri est dans un entre-deux. Parfois, ses caprices donnent l'impression de se faire avec la culpabilité de « l'enfant gâté » ; parfois, il semble rester résolument sur le versant de l'enfant-lierre et d'une envie plus ou moins destructrice. Comme le dit Mélanie Klein, « l'envie est le sentiment de colère qu'éprouve un sujet quand il craint qu'un autre ne possède quelque chose de désirable et n'en jouisse ; l'impulsion envieuse tend à s'emparer de cet objet ou à l'endommager [9] ».

Si la distinction entre envie et jalousie, enfant-lierre et enfant gâté, n'est pas toujours facile à mettre cliniquement en évidence, elle paraît néanmoins essentielle en raison de son impact thérapeutique. Pour se structurer convenablement, l'enfant gâté doit s'opposer à un interdit parental, et l'approche thérapeutique d'une telle situation ne peut se concevoir sans entretiens familiaux visant à mettre en place des barrières éducatives jusque-là déficientes. Le travail avec un enfant-lierre est tout autre ; il nécessite le préalable d'entretiens familiaux mais aussi d'une évaluation psychopathologique de l'enfant. Il faudra en effet savoir qui de l'enfant ou de la famille sera le plus à même de conduire un processus de changement.

Où l'on parle de sociobiologie et d'éthique relationnelle pour expliquer la place de l'argent dans la famille

Si l'un des modèles visant à comprendre le comportement d'un individu face à l'argent se fait à partir de la compréhension des stades psychoaffectifs de la théorie psychanalytique, un autre modèle pourrait venir de l'éclairage de ce comportement par des préoccupations archaïques foncièrement inscrites dans le vivant et centrées sur l'alimentaire, le jeu et la reproduction. Dans une approche sociobiologique de la vie familiale, Robert Wright insiste ainsi sur le fait que les femmes semblent préférer les hommes pouvant offrir des garanties à la fois génétiques et matérielles à la progéniture à venir : « Intégrons maintenant l'IPM (investissement parental mâle) élevé dans l'équation : c'est-à-dire un investissement du mâle qui ne se limite pas au coït, mais qui dure bien au-delà de la naissance du rejeton. Et voilà que la femelle s'inquiète soudain, non seulement de l'investissement génétique du mâle, du repas gratuit, mais aussi de ce que le mâle va bien pouvoir apporter au petit après la naissance [10]. »

La sociobiologie a certes l'avantage de rappeler qu'il y a dans nos actions une part d'animalité. Pour autant, elle ne permet pas plus que la psychologie individuelle d'expliquer entièrement les comportements familiaux face à l'argent. Comme l'écrit Yvan Boszormenyi Nagy : « Nous devons constater que ni la psychologie de chacun des individus impliqués dans une relation ni les lois systémiques qui régissent leurs interactions ne suffisent à expliquer la nature et la force de cohésion qui permet aux relations de durer. Puisque l'équité et la justice sont nécessaires à la survie des relations, elles vont servir de principe régulateur des relations familiales et de toutes les relations proches [11]. » C'est donc les sentiments de justice et d'équité qui forment la base de l'éthique relationnelle. Évidemment liée à la psychodynamique individuelle, elle s'en différentie pourtant, même si l'une procède de l'autre. De même qu'un meuble ne peut être fait que s'il y a le bois de l'arbre, la relation humaine ne peut se faire que s'il y a la psychologie des individus. Mais il serait aussi idiot de dire qu'un meuble est ontologiquement porté par le bois de l'arbre que d'affirmer que c'est la psychologie de l'individu qui porte en elle la nature d'une relation. Autrement dit, si le meuble procède du bois, il est d'un niveau différent, tout comme l'éthique relationnelle par rapport à la psychologie des individus.

Si nous avons fait ce bref détour par la sociobiologie et l'éthique relationnelle, c'est d'une part pour parler du sentiment d'injustice que connaît le petit Guillaume face à sa sœur et d'autre part pour raconter de quelle manière les liens de conjugalité se modifient autour de l'argent au gré des impératifs sociobiologiques du sentiment de sécurité, du vieillissement des enfants et du revenu du ménage.

Où il est question de Guillaume et de son sentiment d'injustice

« C'est pas juste ! Pourquoi elle et pas moi ? », s'écrie Guillaume en ce matin de consultation en montrant du doigt sa sœur cadette Laura. Pour une raison qui nous restera à jamais secrète, car nous connaissons maintenant le principe d'équifinalité, Madame-mère a décidé de régler son compte à ce fils qui ressemble par trop au père, effroyable « crapule » qui a abandonné la famille depuis presque dix ans. Depuis, Madame-mère, qui vit entre ses deux enfants, a choisi de propulser sa fille Laura au rang de « favorite », semblant faire de Guillaume l'instrument de sa vengeance et favorisant ainsi indirectement une relation fortement conflictuelle entre ses deux enfants.

Toutefois, les conflits incessants ont déjà entraîné sur la demande de la mère un placement de Guillaume en foyer, suivi quelques jours plus tard de son retour en famille. Cet aller-retour suffit à montrer que la concurrence déloyale mise en place entre les deux enfants par la mère va au-delà d'un simple favoritisme. Dans le cas de cette famille, il ne s'agit pas d'une problématique du choix : « je préfère Laura à Guillaume», mais du dilemme de l'ambivalence : « tantôt, je préfère Laura ; tantôt, je préfère Guillaume ». Si, dans le premier cas, il s'agit pour l'enfant d'assumer la douleur de la préférence, il lui faut, dans le second, subir la confusion de l'incertitude.

Or l'expérience clinique montre que si la préférence permet le deuil et la cicatrisation plus ou moins douloureuse des blessures, l'ambivalence des liens, elle, laisse toujours, par l'espoir sans lendemain qu'elle suscite, une plaie à vif. Les liens du choix entraînent souvent la dépression ; ceux de l'ambivalence, la confusion. Si le développement d'un enfant peut surmonter une cicatrice, il lui est toujours difficile de faire face à une béance maintenue par la valse-hésitation des sentiments. Nous ne voulons pas dire par là que l'ambivalence est intrinsèquement mauvaise, partageant en cela le point de vue de René Clément [12]. Mais un individu qui n'a pas réglé psychiquement la complexité contradictoire de ses sentiments, impose aux autres sa confusion dans un contexte permanent de doubles liens.

Pour l'heure, Guillaume n'arrête pas de répéter : « C'est pas juste ! Pourquoi elle et pas moi ? Pourquoi elle, elle a de l'argent de poche et pas moi ? » Réponse de la mère : « Je n'ai pas confiance, je préfère t'acheter ce dont tu as besoin, et Dieu sait si tes besoins sont grands ! » Objectivement, pourtant, Guillaume ne manque de rien, il serait même plutôt gâté. La souffrance de cet adolescent ne vient pas du manque, mais des liens ambivalents qu'il a vis-à-vis de sa mère.

Pratiquement tous les enfants connaissent ce sentiment d'injustice face à un cadeau, un baiser ou une gentillesse qui a été fait à un autre membre de la fratrie. Mais en général les parents s'arrangent pour que cette injustice, commise involontairement, soit réparée et l'équité rétablie. Dans le cas de Guillaume, au contraire, il semble qu'il y ait de la part de la mère non pas le souci d'éviter l'injustice, mais de la créer afin de pouvoir la réparer. Tout se passe comme s'il fallait une injustice qui serve à punir un Guillaume « mari » et une équité au nom d'un Guillaume « fils ».

Tout semble venir du fait que dans le livre des comptes c'est Guillaume qui émarge à la place du père, et dix ans n'ont pas suffi à éponger la dette. Fantasmatiquement parlant, personne n'a puni le père d'être parti. Madame est seule avec ses enfants. S'il y avait eu un grand-père par exemple, celui-ci aurait peut-être pu prendre en charge la punition du mari. Mais il n'y a aucun membre de la famille pour le faire, seulement Guillaume, capable de fournir à sa mère le support de la punition d'un mari qui les a lâchement abandonnés. Mais l'adolescent ne donnera jamais le retour de l'homme aimé.

Où il est raconté que l'argent joue souvent le rôle de ligne Maginot entre soi et les autres

Dans les couples ayant des enfants en bas âge, la notion de justice s'efface le plus souvent derrière le bonheur des petits. C'est l'épouse, surtout, qui est prête à se sacrifier au nom du bien-être de sa progéniture. Le débat de justice vis-à-vis de l'argent va donc dépendre pour la femme de ce que le groupe et la société lui apporteront éventuellement comme satisfaction compensatoire. Le livre des dettes est ouvert et, entre la colonne dépenses et la colonne recettes, le bilan comptable de chacun doit au moins s'équilibrer.

Ainsi, dans les familles aux revenus moyens ou faibles, tant que les enfants sont en bas âge, la situation de pouponnage peut être suffisamment donatrice sur le plan affectif pour que la mère, surtout si elle ne travaille pas, renonce à ses droits personnels au nom du groupe. Significativement, ce don que la femme fait de ses prétentions financières au nom de sa famille peut survenir très tôt. Une enquête réalisée par M. Huteau auprès de collégiens de troisième montre en effet que l'identification à la famille est déjà plus poussée à cet âge chez les filles que chez les garçons [13]. On a également pu constater qu'on attendait d'une sœur qu'elle soit plus économe et même qu'elle « prête à perte » son surplus d'argent à son frère plus dépensier [14]. Bien mieux, dans certaines familles, il arrive que le comportement de « garçon dépensier » de l'une des deux filles réponde à l'attente de l'imaginaire familial et que l'autre enfant se comporte avec sa sœur comme si elle était garçon, gardant un comportement de don vis-à-vis de son « frère-sœur ».

Dans les familles à hauts revenus, surtout quand la femme travaille, le don de soi maternel semble moins évident. Les deux conjoints ont alors tendance à mettre en avant des valeurs individualistes et à ne pas reconnaître l'autorité du groupe. En général, les comptes bancaires sont séparés, et le comportement familial autour de l'argent passe plutôt par un accord consensuel aux termes duquel chacun participe au fonctionnement de l'ensemble de la famille, sans droit de regard sur l'autre.

Dans ce type de relation symétrique, où la rentrée d'argent rend chacun l'égal de l'autre, c'est l'individu qui dicte sa loi au groupe, contrairement à ce qui se produit dans les familles à bas revenus où la loi du groupe dicte la répartition des revenus suivant un droit conditionnel entièrement défini par le consensus familial. Ici, l'acquisition des biens se fait par droit souverain, c'est-à-dire que chaque membre du couple peut mobiliser des ressources pour l'achat d'un bien, sans en référer au conjoint ou au groupe. Ce droit souverain se situe au-delà de tout ordre familial et « sa revendication peut être interprétée comme une forme " exogène " d'individualisme consistant à s'appuyer sur un titre acquis en dehors de la famille pour s'affirmer à l'intérieur de la famille [15] ».

L'intérêt majeur de cette modélisation bien décrite par Kellerhals et Lazega [15] est de bien mettre en évidence l'accord qui existe entre les droits de l'individu et ses devoirs dans la famille. Sur le fond, le comportement familial face à l'argent peut être assimilé à un ensemble de vases communicants qui comprendrait, d'un côté, la préservation du groupe familial et, de l'autre, celle de l'individu. Sur la forme, le comportement familial dépend aussi, bien évidemment, de l'âge des enfants.

Où il est question de la gestion des fonds secrets du ménage

Les relations d'argent que les parents peuvent avoir quand les enfants sont jeunes ne peuvent plus être du même ordre lorsque les enfants grandissent. La structure du couple se modèle d'abord suivant un principe, peut-être sociobiologique, de sauvegarde de la descendance, que le départ des enfants viendra ensuite modifier, entraînant un nouveau type de distribution de l'argent au sein du couple.

Avant que les enfants n'atteignent l'âge de quatorze-quinze ans, la mère semble généralement la plus concernée en matière d'argent. Ensuite, la dynamique familiale change, et c'est le père qui décide le plus souvent de l'octroi d'une certaine somme d'argent, mensuelle ou hebdomadaire, qui sera d'ailleurs souvent « arrondie », de façon tacite, par la mère, soit directement soit par le biais de cadeaux et de dons [16]. Cette modification de la dynamique familiale autour de l'argent survient précisément à une période où la courbe des besoins matériels prend des allures exponentielles directement proportionnelles, du reste, aux soucis d'indépendance de l'adulte en devenir. Dans ce contexte, « l'arrondi des fins de mois » maternel peut servir la gestion d'un paradoxe : aider l'adolescent à prendre son indépendance en satisfaisant pour une part ses besoins financiers accrus, et le maintenir de façon affective dans le giron familial, en jouant sur le sentiment de reconnaissance de l'enfant.

Au-delà, donc, de la répartition officielle des ressources financières de l'adolescent, le ministère maternel, qui, par la gestion de fonds secrets, et au nom très certainement d'un inconscient collectif familial, participe à l'élaboration du travail d'adultisation, crée l'attente d'une contrepartie. Comme l'écrit Jean Lemaire, « le sentiment de culpabilité n'est rien d'autre en effet que le sentiment intériorisé d'une dette. Au lieu d'être cette chose qui fait plaisir et qui arrive de façon inattendue, le cadeau peut aggraver le sentiment de dette de celui qui le reçoit. Après un cadeau, on doit encore plus. Aggravant donc le sentiment de culpabilité, et aggravant les réactions des différents sujets à cette culpabilité, une certaine pratique des cadeaux peut avoir des effets pathogènes : par exemple, elle aggravera le sentiment de dépendance ; elle aggravera le sentiment d'incapacité ; elle aggravera par conséquent les tendances dépressives ; ou bien, plus couramment, elle aggravera les réactions agressives, ce qui entraînera souvent des situations d'escalade, car ceux qui ont donné ne comprennent pas qu'on puisse leur en vouloir de leur générosité, ni que, en donnant, ils aiguisent le sentiment de la dette [6] ». D'où les situations de malentendus qui peuvent se rencontrer à l'adolescence, autour de l'argent, et que résume souvent cette phrase indignée de parents : « Avec tout ce qu'on a fait pour lui... »

Où l'on évoque un ultime secret de famille

C'est au moment de l'adolescence, peut-être plus qu'à tout autre, que l'argent peut devenir conflictuel : en raison de l'agressivité nourrie par le sentiment de dette et aussi parce que l'argent perd alors l'exclusive maternelle pour devenir un territoire commun où se côtoient, et parfois s'affrontent, le détenteur du carnet de chèques, la détentrice des fonds secrets et le bénéficiaire, pour des motifs qui n'auront très souvent qu'une lointaine parenté avec l'argent. C'est, en effet, à ce moment que l'argent peut prendre sa pleine valeur métaphorique, ce qui explique qu'il puisse parfois servir de fil rouge pour un thérapeute confronté à des familles où les situations conflictuelles sont si douloureuses qu'elles ne peuvent être abordées directement sans le paravent de la monnaie.

Le scénario est toujours le même. L'adolescent est face à moi et me dit que ses parents ne lui donnent pas assez d'argent. Ce à quoi le père répond qu'il donne tant de francs par mois, et la mère ajoute, car c'est un secret de polichinelle, qu'elle fait des rallonges régulièrement, tout en se gardant bien de préciser la nature de ses suppléments financiers. Ce qui permet au père de renchérir en disant qu'elle le gâte trop et à la mère de rétorquer qu'il est trop dur avec son fils...

Bref, quand je demande à l'adolescent d'imaginer le budget dont disposent ses parents, il me regarde d'abord d'un air surpris, et devant mon insistance, se met à écrire le livre des comptes familiaux sous les yeux dubitatifs de ses parents qui paraissent découvrir avec stupeur que le dialogue parents-enfants sur l'argent est non seulement un dialogue de sourds mais aussi d'aveugles.

Chaque fois que j'ai travaillé au problème de l'argent avec des adolescents particulièrement revendicatifs à l'égard de parents qu'ils jugeaient « radins », je me suis rendu compte que les enfants vivaient dans une représentation sans liens avec la réalité de ce qui était gagné ou dépensé. *A contrario*, certains parents pensent qu'avec cent francs par mois l'adolescent va pouvoir acheter ses cigarettes, ses bonbons, ses boissons, son cinéma, l'essence de sa moto et peut-être faire des économies « s'il est sérieux » !

Même quand les frontières intergénérationnelles paraissent floues, dans le cas de familles enchevêtrées par exemple, il reste ainsi une dernière intimité rarement franchie : celle du budget et des gains. Il est d'ailleurs possible que l'ultime enchevêtrement soit celui qui franchit les limites de l'intimité de l'argent, et aussi de la sexualité, après une rupture progressive de lignes de défenses.

Quoi qu'il en soit, le bouc émissariat de l'argent comme porteur des valeurs affectives de la famille et les péchés d'avarice ou de prodigalité dont s'accusent les membres du groupe familial n'auraient pas de raison d'être sans la valeur socioculturelle accordée à l'argent et aux biens. C'est ce que nous allons voir maintenant.

Où il est question du contexte culturel d'un péché familial

Le désir et le besoin font partie intégrante de la nature humaine, la futilité apparente des objets créés par les premiers artisans est là pour l'attester. Comme le dit Picabia dans ses *Écrits,* « il n'y a d'indispensable que les choses inutiles [17] ». La course à l'indispensable inutilité n'est donc pas l'apanage du monde moderne, mais celui-ci semble néanmoins avoir permis plus qu'aucun autre l'avènement d'une consommation de l'inutile devenu fin en soi, au risque même de perdre son humanité. Lors des grèves des transporteurs routiers en novembre 1997, quand l'idée d'une pénurie s'est emparée du territoire français, la sauvagerie de l'appropriation des biens consommables dans les supermarchés a pris de vraies allures de champs Catalauniques, et j'ai même vu un *Homo Sapiens* faire un scandale parce que le supermarché n'avait pas prévu un stock suffisant de champagne...

Les habitudes de consommation n'en sont pas pour autant d'une pièce. À la consommation de masse des années 1950-1970 a ainsi succédé une consommation de type individualiste [17]. Ces différences de comportement face à l'argent et à ce qu'il permet d'acheter se sont marquées dans des liens familiaux différents, sans qu'on puisse déterminer si ce sont les changements de mentalité qui ont créé de nouvelles formes de consommation ou les impératifs socio-économiques qui, en imposant des habitudes consommatoires, ont participé à la création de nouveaux liens familiaux.

Toujours est-il que c'est dans cette période de consommation individualiste, entre 1970 et 1990, que sont apparus des indices de changements sociaux majeurs, tels que la baisse de la natalité, l'essor du « démariage [18] » ou l'émergence d'un individualisme psychoaffectif de plus en plus décrit ou décrié. Comme l'écrit Louis Roussel dans *La Famille incertaine,* paru en 1986, « aux liens traditionnels du patrimoine et du groupe se sont substitués les liens de l'individualisme ; tout est possible car tout devient désormais susceptible d'être négocié et remis en question au nom de l'épanouissement individuel [19] ». À partir de 1970, donc, dans cette période du consommable individualiste, le taux de croissance économique chute et la natalité baisse, même si l'envie d'avoir des enfants demeure intacte. Dans leur étude, Michel Glaude et Mireille Moutardier montrent qu'entre 1979 et 1989, les frais occasionnés par la charge d'un enfant deviennent de plus en plus importants [20]. Dès lors qu'il devient de plus en plus improbable d'avoir des enfants en se garantissant un niveau de consommation stable et conforme aux normes sociales, « les parents pratiquent des arbitrages entre le fait d'avoir plusieurs enfants, au risque de devoir se restreindre sur les dépenses normales, ou au contraire de se contenter d'un seul, voire de deux enfants et de leur procurer un niveau de vie normal [17] ».

Tout semble donc depuis vingt ans se passer comme si nous avions peur que nos enfants soient malheureux si nous ne pouvons plus leur donner des biens synonymes de bonheur. « La soumission des parents à cette tyrannie financière, écrit Christiane Collange, ne résulte pas seulement de leur culpabilité, elle correspond également à une idée tout à fait neuve, spécifique de la seconde moitié du XXe siècle et que Saint-Just avait pronostiquée : le désir passionné des parents occidentaux de rendre leurs enfants heureux. Pas de les élever, de leur faire une santé, de les éduquer, de les instruire, de les endurcir, de les armer pour la vie, d'en faire des hommes et des femmes de demain, non, de les rendre heureux. Ici et maintenant, tout de suite et tout le temps heureux [21] ! »

Dans ce contexte, on comprend que la médiation de l'amour puisse se faire par l'argent et les biens matériels. On comprend aussi que la compétition et les différences que les parents suscitent chez leurs enfants soient alors d'autant plus importantes qu'elles sont tangiblement marquées par des biens matériels, témoins éternels de la différence, sinon de la préférence.

Si on témoigne de son amour à un enfant en jouant avec lui ou simplement en étant présent, on peut lui laisser le temps d'exprimer ses sentiments. Si l'enfant a l'impression qu'on lui préfère son frère ou sa sœur, la disponibilité des parents à son égard lui permettra de l'exprimer, et la simple manifestation de ce sentiment de jalousie pourra conduire l'ensemble du groupe familial à un repositionnement de nature à régler le problème. En revanche, quand la disponibilité n'est pas au rendez-vous et que l'amour parental trouve son dédouanement dans des valeurs matérielles, non seulement le cadeau peut devenir la preuve tangible d'une préférence éventuelle mais il ne permet pas une dialectique susceptible de gérer l'incontournable jalousie fraternelle.

Où il est question d'une sixième conclusion

On pourrait continuer longtemps la longue litanie sur l'importance que l'argent a acquise aujourd'hui dans la famille. Mais nous n'avons pas la prétention d'être exhaustif, et beaucoup d'aspects ont été laissés pour compte. En particulier, nous n'avons pas évoqué la participation de l'argent à l'émergence des recompositions familiales. Ce phénomène, bien décrit par Irène Théry [18, 22], n'est pas récent : au Moyen Âge déjà, la limitation de l'espérance de vie, en particulier chez les femmes, conduisait à d'inévitables recompositions familiales. Mais la nouveauté tient en ce que, désormais, les recompositions familiales sont de plus en plus arrangées, non par Dame nature mais par Dame culture. Notre opulence économique a vu croître un individualisme démesuré qui s'est accommodé de plus en plus mal des contingences de la vie de couple à long terme. Depuis 1990, nous sommes entrés dans une phase de croissance économique moindre et, le chômage sévissant, on peut se demander si le carnet de chèques familial ne va pas jouer de plus en plus le rôle de thérapeute familial.

Il est un autre aspect de l'argent que nous n'avons pas

évoqué : sa relation à la mort. Conclusion de ce chapitre ou prélude au prochain, laissons donc, cette fois, le mot de la fin à Jacques Attali : « Il m'a semblé, écrit ce dernier dans son *Histoire de la propriété*, qu'il y avait, derrière chacune des conceptions de la propriété qui se sont succédé et entrechoquées depuis des millénaires, comme un signal toujours présent, comme une obsession incontournable que je résumerai ainsi : ce que cache la propriété, c'est la peur de la mort [23]. »

– 7 –

DEUILS

Par-delà la psychologie des hommes, leur équilibre systémique ou leur éthique relationnelle, il y a le temps qui nous gouverne de façon universelle. Et ce temps qui nous vieillit impose des deuils que, sous des formes et des vécus différents, il nous faut bien assumer. Parfois, pourtant, il est impossible de dépasser le cap de cette souffrance, et c'est alors que la famille tout entière se trouve plongée dans une faute qui peut prendre la forme d'un véritable péché.

Le temps éloigne ou rapproche, fait et défait les affects, crée les péchés et les absout. Le temps, maître d'œuvre de notre destinée, n'a jamais le même visage. C'est sous le même nom, pourtant, qu'il agit. Il y a d'abord le temps de l'horloge, c'est-à-dire celui qui s'écoule et qui nous rapproche inexorablement de notre disparition physique. Philippe Ariès a notamment montré en quoi notre mort, aujourd'hui, est de moins en moins parlée, comme s'il s'agissait d'un péché honteux qu'il fallait cacher : « Si on pouvait tracer une courbe du deuil, on aurait une première phase aiguë de spontanéité ouverte et violente, jusqu'au XIIIe siècle environ, puis une phase longue de ritualisation jusqu'au XVIIIe, et encore au XIXe siècle, une période de dolorisme exalté de manifestation dramatique et de mythologie funèbre. Il n'est pas impossible que le paroxysme du deuil au XIXe siècle ne soit en relation avec son interdiction au XXe, de même que la mort sale des après-guerres, de Remarque à Sartre et à Genet, apparaît comme le négatif de la mort très noble du romantisme [1]. »

Mais il y a aussi le temps que j'écoule, c'est-à-dire celui que mon psychisme accélère ou ralentit au gré de mes exigences affectives. C'est, par exemple, le temps que je suspends parce qu'il me faut nier la douleur d'une séparation ou celui que j'accélère, au contraire, lorsque ma souffrance me conduit par le suicide à devancer ma propre mort. Enfin, il y a le temps qui nous écoule. Quand tout va vite, les sociétés larguent les amarres des traditions, et les familles s'adaptent en recréant des liens, des rituels et des mythes que seul le recul de l'histoire pourra juger. Quand tout va très vite, les hommes montrent comment ils s'accommodent de ces périodes de transition, en prenant des chemins privés, incertains, qui conduisent parfois à des dysfonctionnements familiaux. Mais quand tout va trop vite, et que notre culture met à l'épreuve notre adaptabilité, elle finit par créer, un jour ou l'autre, un temps qui nous écoule aux frontières de notre humanité. Ce sont ces histoires de familles souffrantes, vivant souvent le temps et la disparition dans la culpabilité du péché, que nous voudrions raconter maintenant.

Où il est raconté comment le temps qui s'écoule nous fait souffrir

Face aux années qui passent, les familles font souvent preuve d'une cécité étonnante. Ainsi, pour beaucoup de parents, c'est souvent le vieillissement biologique qui, miroir du temps qui s'écoule, impose soudain la vision de l'enfant qui grandit, non plus du bébé éternel, mais de l'être en devenir. Peu de temps après le début d'une thérapie familiale entamée pour des troubles oppositionnels chez une adolescente de seize ans, le père, qui semblait jusque-là ne pas avoir pris conscience de la croissance de sa fille, me raconte : « Cette semaine, par inadvertance, je suis entré dans la salle de bain, et j'ai vu ma fille toute nue. Pour la première fois, je me suis rendu vraiment compte que ma petite n'avait plus trois ans. Ce n'était plus ma toute petite, mon bébé, mais une nudité indiquant, en même temps que son indépendance prochaine, mon propre vieillissement. » La malvoyance de ce père, qui se comportait avec son adolescente comme avec une enfant, venait sans doute d'une incapacité douloureuse à se voir vieillir, jusqu'au jour où la biologie de sa fille lui a imposé une réalité, créant du même coup un péché : « Si j'avais vu cela à temps, je l'aurais considérée différemment, et nous aurions pu éviter toutes ces disputes inutiles ! »

On voit par là que les êtres humains appartiennent à deux systèmes incompatibles : le premier, biologique, est en perpétuelle évolution ; le second, symbolique, est orienté vers l'invariance [2]. On voit aussi par là pourquoi l'inévitable changement imposé par le temps qui s'écoule se heurte constamment au désir de stabilité du temps que j'écoule.

Lorsque André est venu me voir avec sa famille, il n'en était pas à son premier spécialiste. Cet enfant unique, âgé de trois ans et demi, allait depuis peu à l'école, après avoir été élevé de façon exclusive par ses parents : un père très « assis » sur le plan socioprofessionnel et une mère très « femme au foyer », ayant abandonné un métier qu'elle n'aimait pas pour s'occuper de l'enfant adoré. Pendant trois ans, toute l'histoire de cette famille s'était donc figée autour d'André, et le récent départ du petit garçon, qui « quittait » sa famille pour l'école, avait entraîné un brusque déséquilibre. Face à cette perte, la famille aurait dû se restructurer et trouver de nouvelles règles de fonctionnement : il n'était plus possible de vivre comme avant, puisque ce n'était précisément plus comme avant.

Devant sa nouvelle solitude, la mère alors réactualise les affects douloureux de sa propre histoire ; tandis que le couple qu'elle forme avec son époux ressent tout à coup le vide du face-à-face. Dispute après dispute, ça ne marche plus entre cet homme et cette femme qui ont toujours vécu par l'intermédiaire de l'enfant. On parle même de se séparer, jusqu'au jour où André se met à boiter... Alors, la famille se ressoude autour de cette préoccupation nouvelle et salvatrice. Les querelles s'atténuent, car les parents s'inquiètent de cet enfant qui boite. Toujours entre deux cabinets de spécialistes, la mère n'a « plus le temps » d'être dépressive, et le couple peste de plus en plus contre ces médecins qui n'y comprennent rien. Tout se passe comme si le péché familial d'incapacité à faire face à une crise devenait plus supportable par la responsabilisation de spécialistes médicaux incompétents – ce qui pose la question de l'évolutivité des systèmes familiaux. Car on peut se demander pourquoi certaines familles parviennent à s'adapter au temps qui s'écoule, alors que d'autres semblent incapables de surmonter cette douleur.

Nous vivons tous chaque jour dans une situation permanente de déséquilibre, entre ce que nous sommes et ce que nous devenons, dans un présent-passé qui n'existe plus et un présent-futur qui n'existe pas encore. Notre vie est ainsi au croisement des temps : celui de la synchronie, de « l'ici et maintenant » toujours en mouvance, et celui de la diachronie, qui nous pousse vers le devenir [3]. Un système familial évolue de la même façon, du moins tant que l'anticipation du devenir ne représente pas un danger. Quand cette anticipation est trop douloureuse, le système perd ses capacités évolutives. Si un adolescent, dans une situation d'opposition vis-à-vis de ses parents, brandit « Je vais me tuer comme grand-père René », il risque de paralyser l'ensemble de sa famille dans une culpabilité anticipatrice, celle de ne pas avoir empêché le suicide d'un adolescent qui avait pourtant prévenu. C'est cette anticipation péjorative qui gèle les capacités de l'adaptabilité synchronique et paralyse tout le système familial dans la crainte du devenir. Dans le cas du petit André, l'enfant boiteux, la mise à la maternelle représente pour la famille, par projection anticipatrice, la maturation progressive de l'enfant et son futur départ du groupe familial.

On constate ainsi, sans qu'il s'agisse pour autant d'une vérité ontologiquement fondée, qu'il est impossible pour la famille d'envisager une adaptabilité synchronique des comportements : dans la mythologie familiale, si l'enfant va à l'école, c'est qu'il est sur le chemin d'une indépendance insupportable. D'où le choc entre deux mondes incompatibles : celui du temps qui s'écoule et qui impose un devenir et celui des affects douloureux qui veulent figer ce devenir dangereux. Nous ne savons renoncer à rien, comme le disait Sigmund Freud [4].

Quand Madame Y. est venue me voir, elle se trouvait sans doute dans cette situation : celle d'un affront que lui faisait le réel par l'annonce prochaine de la mort de son père. Mais comme elle n'était sans doute pas prête à ce renoncement, tout en étant consciente de son imminence, elle est venue me voir, toute seule, pour me parler de sa fille Julie, me disant que « la petite avait eu une psychothérapie qui lui avait été très favorable et qu'elle ne présentait plus de troubles ». Comme je ne cache pas à la mère que je ne saisis pas tout à fait sa demande, elle me fait part de sa crainte d'une rechute et me dit qu'elle aimerait m'amener Julie de temps en temps, pour être tout à fait rassurée. Je lui réponds que je souhaiterais la revoir assez rapidement, afin qu'elle me fasse part plus précisément de ses inquiétudes quant à sa fille. Dès la deuxième consultation, la petite sera peu à peu oubliée, et la maman me confiera qu'elle est en fait préoccupée par la leucémie de son propre père.

Aujourd'hui, Julie va toujours aussi bien, selon sa mère,

et je n'ai aucune raison de ne pas le croire. Madame Y., par contre, a dû revenir me voir plusieurs fois pour poursuivre le deuil qu'elle avait anticipé bien avant la mort de son père. Si la demande indirecte de cette mère n'avait pas été entendue, Julie serait peut-être devenue le symptôme d'un système en souffrance, protégeant par une pathologie psychosomatique une maman dépressive, tout comme André le petit boiteux. Mais Julie n'a pas été un péché familial, simplement une boite aux lettres qui n'a servi qu'un temps à recevoir les messages de douleur de sa mère.

Où il est question du temps qui s'écoule et qui nous soulage

Le temps n'amène pas que la souffrance de la disparition. Parfois, au contraire, c'est lui seul qui autorise les retrouvailles familiales et l'abrasion des péchés, en permettant de régler les histoires douloureuses du passé, comme dans l'histoire suivante, remarquablement mise en images par Claude Sautet dans *Un mauvais fils*.

Bruno revient des États-Unis où il a été incarcéré durant plusieurs années pour trafic de stupéfiants. À son arrivée à Paris, il se rend chez son père, veuf, avec qui il entretient des rapports difficiles, oscillant entre une grande tendresse et un rejet violent. À l'origine de ces difficultés, il y a le suicide de la mère, peu après le départ du « mauvais » fils. Et puis, un jour, Bruno surprend son père au bras de Madeleine et comprend que le suicide de sa mère pourrait bien ne pas être lié à sa propre incarcération aux États-Unis mais à l'infidélité de son père. Fort de cette découverte qui modifie le regard porté sur sa propre responsabilité, le fils peut alors abandonner une part de sa culpabilité. Survient alors un autre événement, tout aussi décisif : l'accident de travail qui handicape gravement le père. Cette diminution physique achève de bouleverser les rapports des deux hommes : par son infirmité, le père se rend dépendant du fils. Liée au temps, à la vieillesse, au handicap, cette révolution relationnelle rend enfin les deux hommes capables de s'accepter. Le « mauvais fils » devient le père d'un père qui, après tout, n'était peut-être pas si bon que cela...

Avant que ce processus d'inversion des rôles, bien décrit par Brigitte Camdessus, Marilyn Bonjean et Richard Spector [5], permette de lever la douleur liée au poids du passé, plusieurs types de relations auront été essayés. Au début, les deux hommes tenteront de renouer les liens comme au bon vieux temps, mais cette restauration n'est pas possible, car elle est trop entachée par le souvenir du suicide de la mère. Ils tenteront ensuite d'abandonner le mode relationnel père-fils, historiquement trop douloureux, pour celui de camarades : à la hiérarchie des rapports filiaux tente de se substituer une amitié égalitaire, que la mythologie paternelle, sans doute « vieux jeu », ne peut accepter. Ce passage assez violent du film montre notamment l'impossibilité du père de parler de sa sexualité d'égal à égal avec son fils. Ce n'est qu'à la fin de l'histoire que la biologie de la vieillesse et de l'accident viendra pacifier les rapports familiaux en hissant le fils au statut de père.

Mais, souvent, le temps va plus loin que la vieillesse ou le handicap, provoquant la rencontre d'une mort qui va radicalement bouleverser le cours de l'existence. Isabelle Yhuel rapporte le témoignage de Marguerite : « Moi, quand mon père est mort, j'étais en voyage avec mon premier mari et impossible à joindre. Le jour de mon retour, ma sœur m'attendait à l'aéroport. Elle me dit : “ J'ai une mauvaise nouvelle à t'annoncer. ” Je pense tout de suite à ma grand-mère, ce qui était dans le cours naturel des choses. Elle me dit : “ Non. Papa ”, et mes premiers mots ont été “ soulagement ”. Pourtant, je n'avais jamais eu conscience d'attendre sa mort, mais les premiers moments après l'annonce de sa mort m'ont paru être les premiers où je vivais enfin apaisée. J'ai eu une impression de liberté, à pouvoir enfin me mouvoir tranquillement dans un monde dans lequel il n'était plus, avec tout son terrorisme de pensée, sa présence monstrueuse dans ma tête et son absence béante dans la réalité [6]. »

Il est très rare d'entendre ce genre de témoignage, car l'apaisement procuré par la mort de l'autre, surtout s'il s'agit d'un proche, n'est pas admis dans notre culture. Rarement avoué, le péché de soulagement se dévoile néanmoins quand, au terme d'une de ces maladies qui n'en finissent pas, la douleur d'une famille devient, soudain, moins prégnante. Reste le péché qui est là, omniprésent.

Mademoiselle N. vient d'apprendre que sa mère a un cancer. Elle est désemparée, noyée dans une souffrance et une angoisse indescriptibles, d'autant qu'elle vit seule et que sa mère constitue l'unique pôle de son existence. Après plusieurs semaines d'agonie, la mère de mademoiselle N. disparaît. La jeune femme que je revois peu après est totalement transformée. Son angoisse semble avoir disparu, laissant place à une sérénité que je ne lui avais jamais connue. Mademoiselle N. avoue elle-même qu'elle se sent calme, curieusement soulagée par la mort de la mère. Quelques semaines plus tard, pourtant, l'angoisse et la dépression sont de retour : la fille se juge désormais coupable de ne pas avoir éprouvé l'immédiate douleur de la séparation après la mort de sa mère. Après quelques mois de travail sur ce péché, Mademoiselle N., qui va beaucoup mieux, fait enfin une rencontre amoureuse, la première de sa vie. Depuis, je ne l'ai plus revue, mais je ne suis pas sûr qu'elle n'ait pas troqué un péché pour un autre : celui d'avoir trahi la pensée de sa mère en se donnant à un homme.

La rencontre avec la mort d'un proche, comme toute rencontre, n'est jamais anodine, car elle constitue une « expérience émotionnelle corrective [7] » propre à corriger, plus ou moins, le cours de l'histoire de chacun. Dans la perspective, le hasard de la rencontre devient un moment important capable de bouleverser la destinée humaine, ce qui laisse à l'homme une liberté que Sigmund Freud ne lui avait pas forcément octroyée. En effet, le modèle psychanalytique ne croit pas au hasard ou, du moins, celui-ci ne sera retenu comme moment privilégié que dans la mesure où l'événement qui se produit crée une résonance avec l'histoire du sujet. Cela n'est pas contestable ; ce qui l'est, en revanche, c'est de penser que le sujet est construit à partir de quelque chose de fixe, de monolithique et d'immuable : « Croyez-vous qu'un jour il puisse s'en sortir... Avec le passé qu'il a ! » Même si les premières relations d'un enfant sont fondamentales pour le cours de sa vie, les événements rencontrés pourront aussi être de nature à modifier la perception que l'enfant se fait de ses premières relations. Autrement dit, il n'y a pas de vérité historique, mais seulement le regard qu'un individu porte sur son histoire, et celle-ci va immanquablement se modifier au gré des rencontres.

Aujourd'hui, si je fais une rencontre avec une femme qui, quelques mois plus tôt, n'aurait été qu'un simple croisement indifférent, c'est que le monde de mes représentations a changé en quelques mois : la rencontre est désormais possible parce qu'elle re-présente quelque chose en moi. En même temps, cette rencontre participera à l'élaboration de nouvelles représentations qui feront que mon regard porté sur les choses ne sera plus jamais celui d'avant. Comme un enfant qui dessine une maison, le premier trait fait est toujours là, mais la maison finie n'aura plus grand-chose à voir avec le trait initial, même si celui-ci est toujours présent.

La sérénité de la disparition d'aujourd'hui peut redevenir douleur demain, parce que rien ne dit que demain ma maison psychique sera la même. En ce sens, si le temps qui s'écoule a une action positive ou négative sur nos douleurs, c'est indirectement en modifiant la figure kaléidoscopique de nos psychismes. J'ai le souvenir d'avoir vu, à quelques jours d'intervalle, dans des lieux différents, deux petits enfants de trois ans ayant subi des maltraitances similaires.

Mais l'un avait été exclusivement élevé par ses parents maltraitants alors que l'autre avait pu connaître d'autres figures d'attachement. Le premier enfant était mutique, craintif, replié dans son lit ; le second se montrait étrangement sociable, souriant, comme si rien ne s'était passé. Pourtant, les deux portaient sur leur corps les stigmates de la maltraitance.

Si le repli de l'un pouvait *a priori* s'interpréter comme une mise en parenthèses de la souffrance, le comportement extraverti de l'autre évoquait difficilement la douleur. Pourtant, il paraissait difficile de croire que cet enfant ne souffrait pas, tant ce qu'il avait subi était indescriptible. Était-ce la multiplicité des figures d'attachement qui lui avait permis de dépasser sa souffrance ? On peut pourtant s'interroger sur la nature des liens que cet enfant développera par la suite. Sera-t-il capable, plus tard, quand le temps se sera suffisamment écoulé, d'avoir des relations authentiques, privilégiées, profondes avec un seul être humain, ou favorisera-t-il toujours, pour vivre, les ruptures afin d'établir le maximum de relations garantes de son « bien-être psychologique » ? Car, si ce sont les multiples figures d'attachement qui ont permis à cet enfant de survivre, rien ne permet de dire que ce qui l'a sauvé ne se retournera pas contre lui dans un autre contexte. Comme le rapportent Cathy Mazy et Patrick Calvet à propos des enfants du Rwanda, « ceux qui sont les plus forts, les plus solides, les plus courageux pendant la guerre ne seront pas nécessairement les plus forts après, dans une situation normalisée [8] ».

Où il est question du temps que je ne parviens pas à écouler

Il était une fois un anthropologue qui, s'adressant à un psychanalyste freudien, lui dit : « La période du deuil correspond à la durée de la décomposition du cadavre. La terreur de la décomposition n'est autre que la terreur de la perte de l'individualité [9]. » Ce à quoi le psychanalyste lui répondit : « Pour que le deuil cesse, il faut que le moi du sujet décide de vivre en abandonnant l'objet perdu. C'est ce qui distingue le deuil de la mélancolie, car dans un cas le sujet revient au principe de réalité en acceptant le jugement du réel, et dans l'autre il vit une identification avec ce qui a été perdu [10]. » Vint à passer un autre psychanalyste, tendance Ferenczi, qui se mêle à la conversation et ajoute son grain de sel : « Le deuil cesse lorsque par introjection l'endeuillé fait passer les qualités du disparu du dehors au dedans. Il n'a plus besoin ainsi du disparu pour en conserver la mémoire [10]. »

Dans tous les cas, que ce soit pour l'anthropologue ou les deux psychanalystes, un travail de transformation nécessaire s'est effectué, imposé par la réalité au nom de la toute-puissance d'un principe de plaisir : « il importe que je m'adapte à la nouvelle réalité créée par la disparition de l'être qui m'est cher, si je ne veux pas trop souffrir ». Cependant, en parlant du temps de la transformation du cadavre, l'anthropologue n'est pas dans le temps des psychanalystes : celui de la transformation de l'image du disparu. S'il est pareillement question de la modification d'un état, pour l'anthropologue celle-ci emprunte le temps de l'horloge, et non celui du temps intériorisé.

En clinique humaine, le travail du deuil est impossible quand certains sujets dénient véritablement ce temps intériorisé que la disparition nous impose, parce la relation qu'ils avaient avec le disparu n'était pas suffisamment ambivalente. En effet, au-delà de la disparition du corps, il importe que l'image du disparu puisse être modifiée, non pour en effacer le souvenir, mais pour que la libido, l'énergie de vie puisse être reportée sur d'autres objets.

Tant que le sujet disparu n'est pas marqué du saut de l'ambivalence, aucun deuil n'est possible. On ne peut pas admettre la disparition d'un sujet idéal de bonté ou de méchanceté car, dans les deux cas, cet idéal fascinant rend impossible la démystification. Comme le dit Maurice Berger : « Seul le deuil d'un objet suffisamment ambivalent peut être fait [...] Un mauvais objet laisse le sujet dans une situation d'hémorragie psychique constante, dans l'attente inassouvissable de " bons soins " [...] En même temps, ce mauvais objet est fascinant, car il ne manque jamais, lui : il est immédiatement évocable, beaucoup plus facilement qu'un bon objet. On ne peut pas faire non plus le deuil d'un objet totalement bon. Seul est possible le deuil d'un objet ambivalent qui a été suffisamment bon, mais en même temps suffisamment frustrant pour permettre que la libido puisse se reporter sur d'autres objets [11]. » Le sujet qui ne peut avoir accès au deuil entre dans un temps autre. Tout se passe alors comme si une paralysie psychique rendait la transformation de la mort impossible. Le temps autre, celui que j'écoule, fige le temps de l'horloge et, bien que la disparition soit reconnue, son élaboration ne peut se faire.

Un jour, après une demande urgente, vient à notre consultation, accompagné de son père, un garçon de quatorze ans qui, quelques jours auparavant, a vu mourir sa mère dans des conditions particulièrement atroces, au cours d'une de ces guerres meurtrières qui confondent soldats et civils. Le père lui-même n'a dû son salut qu'au hasard qui est parfois capable de réparer les dégâts du destin.

Sans nier la disparition de sa mère, cet adolescent paraît désaffectivé, incapable d'exprimer autre chose qu'une phrase toute faite. « J'ai de la peine, car ma mère est morte, me dit-il. C'est pour ça que mon père m'a dit de venir vous voir. » Se rapportant à une « mort banale », cette phrase laconique pourrait à l'extrême rigueur se concevoir, mais compte tenu du contexte de cette mort qui s'était déroulée sous les yeux mêmes du jeune garçon, après des tortures innommables, je ne peux concevoir pareil détachement. Pendant l'entretien, le seul élément de fébrilité que manifeste le garçon vient du mouvement incessant des jambes devant mon bureau. Devant cette quasi-absence de signes de souffrance, je demande à revoir l'adolescent, qui m'oppose quelques réticences peu convaincantes. Peu à peu, au fil des entretiens, l'adolescent reprend une histoire figée par trop de brutalité. Peu à peu, il revit la scène et la mort de sa mère et, à ce stade, commence à avoir des cauchemars – signe, sans doute, que sa souffrance peut désormais s'exprimer. Le travail avec cet adolescent s'est poursuivi, non pas jusqu'à ce qu'il n'ait plus de souffrance, mais jusqu'à ce qu'il se soit mis réellement à parler de sa mère – de ses qualités, de ses défauts, de la douleur de sa disparition. Aujourd'hui, il va mieux : il ressent le manque profond d'une mère remarquable et, en même temps, éprouve de la culpabilité à penser que ce n'était pas une femme parfaite.

Dans d'autres cas, ce n'est pas l'élaboration du deuil qui est en cause, mais la reconnaissance même de la disparition de l'être cher. Après la perte d'un enfant, par exemple, c'est une véritable cécité psychique qui va faire vivre les parents jusqu'à ce que vienne au monde un nouveau bébé qui prendra la place du disparu. La non-reconnaissance de la mort investira alors le second enfant des qualités et des défauts, réels ou fantasmés, du premier. C'est l'enfant de remplacement : « Ludwig van Beethoven, né un an après le décès d'un frère aîné prénommé Ludwig ; Vincent Van Gogh, né un an après le décès d'un aîné prénommé Vincent ; Salvador Dali né 9 mois et 10 jours après le décès d'un aîné prénommé Salvador ; et Pupuce, dalmatien tacheté de noir sur l'œil droit, acheté trois semaines après le décès d'un autre dalmatien prénommé Pupuce et tacheté de noir sur l'œil droit [en] sont les cas les plus célèbres [12]. »

Il y a ce jour-là, devant moi, un homme, une femme et deux enfants – l'aîné Julien et la cadette ou, plutôt, le cadet âgé de cinq ans, Dominique. Je commets en effet l'erreur, non fatale puisque la famille reviendra pendant plusieurs mois en consultation, de demander à propos du plus jeune des enfants comment elle s'appelle. Il s'agit, en fait, du demi-frère de Julien. Les parents me font vite comprendre que ce n'est pas pour Dominique qu'ils viennent, mais pour Julien, quatorze ans, grand infernal devant l'Éternel. Ils pensent à l'inscrire en internat à la rentrée prochaine, et je ne sais pas très bien si, aujourd'hui, ils demandent l'aval déculpabilisant d'un « prêtre laïque » ou les conseils d'un psychiatre. Pendant que l'entretien avance, je constate que Dominique, bourré de tics, habillé et coiffé comme une fille, ne tient pas en place. Mais la décision est finalement prise, et Julien envoyé en internat, à sa demande expresse d'ailleurs.

Quelques mois plus tard, la famille revient me voir, pour me donner des nouvelles de Julien, qui va bien et en profite pour me parler de Dominique qui devient de plus en plus infernal, « comme son frère ». En fait, Dominique est toujours tel qu'il s'est présenté à moi la première fois, avec une instabilité et des tics reflétant un niveau d'angoisse important. La seule différence, et elle est de taille, c'est que les parents semblent avoir pris conscience des difficultés de l'enfant. Le péché familial Julien parti, le mal-être de Dominique peut désormais occuper le devant de la scène familiale. En travaillant sur le génogramme familial [13], j'apprends que quelques mois avant la naissance de Dominique est décédée de mort subite une petite sœur, Monique.

Ainsi, l'immense malheur de la perte de Monique n'a pas permis le travail de deuil. Dominique est vite venu pour remplacer la disparue et être aimé à sa place. Il ne s'agit donc pas d'un enfant « réparateur », mis au monde par des parents en légitime défense de douleur et qui sera aimé et grondé pour ce qu'il est, mais d'un enfant « fait de force » par le malheur et conçu pour la disparue. Outre cette non-existence physique, Dominique vit une non-reconnaissance sexuelle, puisqu'il un garçon censé remplacer une fille. Ce que cet enfant manifeste par son angoisse et son instabilité, c'est sa souffrance de ne pas être lui, et de devoir être une autre.

Où il est raconté comment le temps s'accélère

Il est désormais classique de dire, depuis Émile Durkheim et Maurice Halbwachs, que l'augmentation du nombre des suicides dans notre société consacre la dislocation des liens sociofamiliaux. Edgar Morin le résume assez bien : « Là où le suicide se manifeste, non seulement la société n'a pu chasser la mort, non seulement elle n'a pu donner le goût de la vie à l'individu, mais encore elle est vaincue, niée ; elle ne peut plus rien pour et contre la mort de l'homme. L'affirmation individuelle remporte son extrême victoire qui est en même temps irrémédiable désastre [9]. »

De fait, aujourd'hui, le suicide l'emporte sur les accidents de la route comme cause de mortalité. Il représente la première cause de décès chez les 25-34 ans et la deuxième chez les 15-24 ans [14]. Dans cette dernière classe d'âge, en un peu plus de soixante ans, le nombre de morts par suicide a été multiplié par 4,5 pour les hommes et par 10 pour les femmes [14]. Aucune approche statistique ne peut évidemment rendre compte de la diversité clinique des dynamiques suicidaires à l'adolescence [14]. Mais puisqu'il est question du temps et de la mort, nous voudrions montrer ici comment, par une anticipation irréelle de leur propre deuil, certains adolescents peuvent être conduits à un passage à l'acte toujours dramatique et malheureusement parfois irréversible.

Certains jeunes gens semblent, en effet, vouloir prendre possession de leur propre mort. Plus précisément, tout se passe comme si l'incertitude identitaire, fréquente à cet âge, trouvait sa résolution dans le passage à l'acte mégalomaniaque de la maîtrise de la vie à travers une mort à laquelle l'adolescent ne croit pas – ce que résume ainsi Jacques-Antoine Malarewicz : « Dans ce cas, la tentative de suicide ne correspond pas nécessairement à un épisode dépressif mais plutôt à une appréhension mégalomaniaque de la mort, et plus précisément de la vie après la mort. L'adolescent imagine alors souvent être en mesure, au-delà donc de la mort, non seulement d'assister à son propre enterrement mais également d'être capable de lire les pensées de ceux qui suivront le cortège funèbre [15]. »

Prolongeant cette réflexion, Michel Delage en a tiré certaines applications thérapeutiques [16]. Quelques jours après la tentative de suicide d'un jeune présentant toutes les caractéristiques psychopathologiques décrites par Jacques-Antoine Malarewicz, il fait venir l'ensemble de la famille et, dans un cérémonial où l'adolescent, allongé et immobile, yeux fermés, mime la mort, il demande à chacun des membres présents d'exprimer ce qu'il ressent face à la disparition de l'adolescent. Par-delà les mots, ce moment émotionnel, particulièrement éprouvant, amène chaque membre du groupe familial à se repositionner face à un enfant que l'on avait peut-être oublié. Il permet à la famille d'exprimer le péché qu'elle a vécu à travers les devoirs dont elle ne s'est pas acquittée vis-à-vis de l'adolescent et aussi, à travers ceux que l'adolescent lui-même a souvent oubliés. En outre, ce dernier, en mimant la mort, se met émotionnellement dans la situation de vivre sa propre disparition, c'est-à-dire d'écouter ce que chacun pourrait dire à sa mort.

Nous avons pu conduire un travail similaire à partir d'une situation conflictuelle vécue par un couple de personnes âgées. Depuis que je les recevais en consultation, Monsieur et Madame W. ne cessaient de mourir à tour de rôle, en se lançant régulièrement à la face : « Tu verras... Quand j'aurais disparu... » Le travail de Michel Delage m'a conduit à considérer que la psychopathologie relationnelle de ce couple reposait moins sur le fait de vouloir mettre l'autre face à sa mort que de voir comment l'autre se comporterait face à la disparition. À la fin de l'une des séances, je leur ai donc demandé d'honorer leur prochain rendez-vous en étant vêtus de noir – ce qu'ils ont fait et qui a permis à chacun d'eux, avec tout le cérémonial voulu, de parler de la mort de l'autre. À la fin de cette étrange consultation, je leur ai dit que nous pourrions recommencer à parler ainsi de la mort de l'autre à chaque fois qu'ils le souhaiteraient – ce qui nous a permis, par la suite, d'avoir des entretiens entre vivants...

Où il est question du temps de la mort

Si le temps du sablier paraît lié à celui du vécu, il est un temps qui nous gouverne tous, qui nous écoule. C'est celui d'une culture qui nous fabrique et que nous fabriquons. Il y a ainsi le temps de la mort, qui est de plus en plus court, et le temps de la vie, qui est de plus en plus mort.

Dans les temps anciens, la grande peur était la mort rapide qui surprend et empêche toute préparation. Aujourd'hui, on craint d'être envahi lentement par la mort, la douleur physique qui n'en finit pas ou la souffrance de celui qu'on aime et qui se décompose vivant, au fil des jours. Si l'être humain n'a probablement jamais fait preuve d'une extrême sérénité face à sa propre mort, ce qui la rend peut-être plus angoissante encore, c'est son étrangeté dans notre culture. Désormais, la cause culturelle la plus importante de l'augmentation des situations pathologiques après une disparition réside dans l'impossibilité d'accomplir un rituel de deuil. Certes, dire qu'il n'y a pas de rituel serait faux, mais les rites paraissent désincarnés, hors du temps, et prennent souvent la forme d'un simulacre plutôt que d'une véritable inscription dans la vie sociale des gens. Comme le résume fort bien Marc Augé : « Le rituel prend un sens dès lors qu'il affirme l'existence d'une collectivité quelconque. Le rituel militaire, par exemple, ne s'en tire pas si mal parce qu'un élément communautaire s'y affirme, lorsqu'il rend hommage à ses morts. Dès lors que l'hommage aux morts n'est pas l'affirmation d'un lien entre les vivants, le malaise s'installe [17]. »

Et c'est cela qui semble dangereux, le fait que le non-sens de la vie ne soit plus capable de donner sens à la mort. Peu de temps avant sa mort, François Mitterrand écrivait : « Jamais peut-être le rapport à la mort n'a été si pauvre qu'en ces temps de sécheresse spirituelle, où les hommes, pressés d'exister, paraissent éluder le mystère. Ils ignorent qu'ils tarissent ainsi le goût de vivre d'une source essentielle [18]. » En nous refusant le droit d'afficher notre deuil et notre tristesse [19], en masquant ainsi notre humanité, nous nous sommes peut-être donné l'illusion d'une immortalité que la science était toute prête à nous promettre. Tout est bon pour contourner la mort et organiser une fuite sans laquelle notre toute-puissance serait en péril [19].

« La vie continue... Secouez-vous un peu ! Ne vous laissez pas abattre, allez voir un psy. J'en connais un très bien, qui m'a beaucoup aidé à la mort de mon propre père. » Voilà, en quelques lignes, l'un des nouveaux rites conseillés. La consultation chez le psy marque l'échec et mat d'une société qui paie désormais des gens pour écouter les douleurs normales de l'humain. Relatant son expérience professionnelle lors de la dernière guerre du Liban, le professeur Charles Baddoura nous a raconté qu'à Beyrouth, pendant la guerre des voitures piégées, il n'y avait aucun debriefing psychologique organisé, aucune professionnalisation de la prise en charge de la douleur, car les familles étaient là, enterraient leurs morts et s'occupaient des vivants [20]. En Occident, au contraire, la moindre catastrophe fait venir une armada de psychologues et de psychiatres, comme si la société n'était plus capable de gérer ses douleurs et qu'il fallait payer des spécialistes. Face à ce désarroi, les familles s'en sortent comme elles le peuvent. Parfois même, paradoxalement, c'est la mort qui leur permet de survivre face à des situations de péchés particulièrement destructeurs.

Il y avait un jour une femme et un homme qui s'étaient mis en ménage. Jusque-là, rien que de très banal, si ce n'est que l'homme et la femme étaient oncle et nièce et que leur rencontre, sous le signe du péché d'inceste, avait fait l'objet d'un rejet massif de la part du clan familial et, au-delà, du village dans lequel ils habitaient. Vient alors le premier enfant : un garçon qui meurt d'une malformation cardiaque. Naît un deuxième garçon qui meurt d'une hémorragie cérébrale dès les premières heures de sa vie. Arrive enfin un troisième garçon qui est opéré avec succès d'une malformation cardiaque, mais qui meurt à l'adolescence dans un accident de la circulation. Monsieur et Madame sont toujours rejetés par l'ensemble du groupe familial. L'accumulation des malheurs n'y a rien fait, car on leur a toujours dit et on leur dit encore que « cette alliance incestueuse entre oncle et nièce est contre nature et qu'un jour ou l'autre ils seront punis de leur péché ». Il y a bientôt dix ans que je reçois régulièrement cette famille, qui ne « veut » pas que les deuils se fassent, car ils semblent être devenus sa raison de vivre, que ces gens viennent me voir en noir pour me dire que les autres sont rejetants et que, heureusement, il leur reste le souvenir des disparus. Cela fait dix ans que je ne sais comment je peux faire vivre ces gens dont la vie passe par la mort. En venant me voir, cette famille soulage sa souffrance, qu'elle authentifie par le prêtre laïque rencontré à chacune de ses consultations. À la façon de la reine Victoria [10], elle a instauré de manière privative, non pas des rituels de deuil, mais une ritualisation du souvenir qui lui sert d'identité.

Mais si notre société ne veut plus parler de la temporalité de la mort, on peut dès lors s'interroger sur le sens qu'elle donne à la vie. S'il s'agit de la quantité de temps passée sur terre, le contrat est rempli, car jamais dans l'histoire de l'humanité l'espérance de vie n'a été aussi longue, du moins en Occident. Si, en revanche, il s'agit des liens et du sens donné aux choses, on peut légitimement se poser un certain nombre de questions. À l'évidence, le choix socioculturel que nous avons fait en faveur de la quantité de vie ne nous a pas gardée de la disparition de son sens.

Où il est question du temps de la vie

En cette fin de siècle, malgré tout ce qui a été dit précédemment, je reste persuadé que notre capacité à faire du lien avec la vie et avec la mort reste intacte. Par contre, le plus grand danger vient de l'accélération du temps. Nous devenons jour après jour tributaires de machines que nous inventons, que nous mettons en place et qui nous dictent leur notion du temps et de l'espace. Or, pour faire du lien humain, il faut du temps et de l'espace humains. Si cet espace-temps s'accélère, il remet forcément en cause une adaptabilité qui a ses limites.

Peut-être mon raisonnement ne vaut-il rien, car notre adaptabilité est peut-être précisément adaptable, et le raisonnement d'aujourd'hui ne vaut peut-être rien, face à des formes nouvelles de pensée que l'humain de demain acquerra. Mais il me semble que c'est jouer avec le feu. L'humain a horreur de sa désaliénation, et quand la société perd des liens, il lui faut du temps pour les reconstruire. Ce n'est pas la compétence humaine à cette reconstruction qui est remise en cause, mais la crainte d'un temps inhumain qui ne laisse plus le temps à l'humain.

En comparaison, les insectes sont plus adaptables, parce que leur cycle de vie n'est pas le même. Pour eux, le temps de la vie et de la mort est beaucoup plus rapide. Entre l'éphémère qui vit quelques heures ou le papillon Vanesse qui passe sur la terre un peu plus d'un an, l'homme n'a rien à craindre pour sa longévité. Mais, dans une vie d'homme, des centaines de milliers d'éphémères ou de papillons Vanesse peuvent naître et mourir, chacun transmettant au suivant le programme génétique qu'il doit adapter pour survivre quand le contexte écologique se modifie. L'homme, lui, malgré toutes ses prouesses et sa bonne volonté, n'est pas capable d'associer vitesse et reproduction. Comme le dit Patrick Pageat avec humour, nous avons accéléré le temps pour en faire un temps de coléoptère, alors que nous ne sommes pas encore des coléoptères [21].

Il y a une trentaine d'années, quand les médecins sont devenus les grands techniciens de la vie, les enfants n'ont pas échappé à l'accélération du temps imposée par la technique. Les bébés, en particulier, qui, par maladie ou par l'importance de leur prématurité, devaient faire un séjour plus ou moins long dans les services de néonatologie, payaient un lourd tribu à leur survie. Soucieuse de la quantité de vie, la médecine précipitait le temps autour de ces nouveau-nés, sans considérer que la qualité du devenir psychologique de l'enfant passait aussi par le temps ralenti des interactions précoces avec sa mère. Différentes études menées en France et à l'étranger dans les années 1970 ont d'ailleurs montré dans les populations d'enfants maltraités un fort pourcentage d'enfants qui avaient été hospitalisés dans les services de néonatologie. Dans l'une de ces premières enquêtes, faite en 1974 par Pierre Straus, Michel Manciaux et Geneviève Descamp, il y avait dans les populations d'enfants maltraités entre 30 et 35 % d'anciens prématurés alors que la prématurité se situait autour de 8 % dans la population générale [22]. Cette donnée doit désormais être revue à la baisse depuis l'ouverture des services aux parents et, surtout, la prise en compte des relations précoces mère-enfant [23]. Aujourd'hui, parmi les enfants maltraités, il y a entre 10 et 15 % d'anciens prématurés, contre 5 % dans la population générale. Ainsi, et heureusement, les techniciens de la vie, peu à peu culpabilisés par ce péché, sont redevenus des médecins en se rendant compte que ce n'est pas le temps de vie qui met de la vie au temps.

Où il est question d'une septième conclusion

La plus grande détresse de l'humain tient à sa crainte du changement. Aussi, le nouveau regard sur les choses nous vient-il pratiquement toujours d'une violence de notre écologie et de notre biologie. Le sida, comme le dit Bernard Paillard, a été une de ces violences qui peut-être paradoxalement sauvera l'humanité en imposant de nouveaux rapports sociaux face à la vie et la mort : « cette irruption brutale sur le devant de la scène de cette maladie nous rappelle la grande fragilité de l'humanité, et cette prise de conscience ouvre une brèche de plus dans la modernité [...] Dès lors, ce coup porté désintègre la vision euphorique d'un avenir de jouvence, miroir narcissique d'une société fascinée par la jeunesse et par la beauté, par la santé et par l'abondance, obnubilée par ses prouesses en tous genres et, aussi, par ses promesses de sécurité [24] ». Il n'y a pas de péché du temps, car c'est le temps qui nous conduit au péché.

ÉPILOGUE

Les familles que je reçois depuis près de vingt ans me rappellent, jour après jour, que l'être humain est irréductible à une suite d'organes ou de compétences et que l'approche de sa complexité passe par la prise en compte de son écosystème [1]. Trois siècles plus tôt, Blaise Pascal disait déjà : « Toutes choses étant causées et causantes, aidées et aidantes, médiatement et immédiatement, et toutes s'entretenant par un lien naturel et insensible qui lie les plus éloignées et les plus différentes, je tiens impossible de connaître les parties sans connaître le tout, non plus que de connaître le tout sans connaître particulièrement les parties [2]. » Et de même qu'on ne peut connaître les choses sans une vision globaliste, on ne peut réduire la souffrance au champ d'une science. En ce sens, le péché de psychosomatique qui frappe certaines familles reflète l'incapacité où se trouve la médecine aujourd'hui d'appréhender l'humain dans globalité.

En tant que chef de service, mon rôle est précisément de prendre en compte cette complexité, au travers d'une médecine de la souffrance. C'est, à mon sens, la seule garantie que nous ayons de conserver à l'homme sa dignité, sans l'infantiliser par des prises en charge multiples nées de l'hyperspécialisation. Si je tente donc de coordonner les actions autour de cette souffrance, mon rôle de médecin psychiatre est d'en évaluer la signification, afin de faire en sorte que la thérapie prescrite ne soit pas pour le patient une violence qui, comme le dit Tobie Nathan, « l'expulse de ses choix et lui interdit ses stratégies d'existence décidées à un moment crucial de sa vie [3] ».

L'évaluation d'un péché ne vise pas tant à déterminer une cause explicative qu'à mettre au jour les possibilités de changement d'une famille. D'ailleurs, suivant le principe d'équifinalité que nous avons défini dans le chapitre sur l'échec scolaire, rechercher une causalité linéaire est peine perdue face à l'importance de l'historisation dans le devenir humain. Aujourd'hui, en ce qui me concerne, il n'est plus question de dire à une famille : « Nous allons devoir chercher dans votre passé la cause de votre dysfonctionnement actuel. Ainsi, nous remédierons au trouble de votre enfant. » Car fouiller le passé en vue de dégager une responsabilité familiale a pour seul effet d'enfoncer davantage une famille dans sa culpabilité. En revanche, proposer de résoudre le problème d'une famille, éventuellement en parlant du passé, relève d'une tout autre philosophie. Au lieu de signer l'acte de responsabilité familiale, l'évocation du passé devient l'une des ressources que la famille peut utiliser en vue d'agir sur son propre devenir.

Dès lors, dans cette dynamique qui implique nécessairement le groupe familial, la prégnance du sentiment d'avoir péché devient, paradoxalement, indispensable. Sur le plan thérapeutique, et dans un raccourci outrancier, une famille qui se présente en déclarant : « Notre fils va mal. Nous en souffrons et nous pensons y être pour quelque chose. En tout cas, nous souhaitons nous impliquer pour que cela cesse » est plus prometteuse que la famille qui dirait : « Nous souffrons parce que notre fils va mal, mais nous n'y sommes malheureusement pour rien. » L'engagement de la responsabilité-culpabilité des demandeurs est *a priori* de meilleur pronostic que son non-engagement.

Certains péchés d'inceste, nous l'avons vu, sont capables de structurer un univers familial pendant plusieurs années, en permettant aux familles de trouver une façon d'être ensemble, d'être groupées autour d'un interdit social de haute densité. À l'inverse, éclatent parfois des péchés de violences dans des couples que rien ne prédisposait à de tels séismes. Ces tempêtes affectives se produisent le plus souvent à des moments charnières de l'évolution d'une famille, qui les vit en général avec une grande culpabilité. Dans le premier cas de figure, l'accès à une thérapie semble difficile, tant le péché paraît fondateur d'une identité groupale ; dans le second, en revanche, la culpabilité et la demande familiale constituent *a priori* une indication thérapeutique. Cependant, cet a priori ne doit pas faire oublier le piège de la triangulation invalidante qui, utilisant le thérapeute comme « fonction-relais [4] », conduirait le couple et le thérapeute à des impasses iatrogéniques. Dans ces cas, le thérapeute n'est pas sollicité pour aider à changer mais pour permettre à la famille de renforcer son historicité. Le chapitre « Ruptures » était en partie consacré à cet aspect de la relation thérapeutique.

Au bout du compte, c'est dans son sentiment de culpabilité qu'une famille peut puiser l'énergie nécessaire pour corriger son dysfonctionnement. Le désir de changer ne peut être un moteur en soi, car toute évolution suppose une violence innommable : celle de l'abandon des mythologies antérieures. Si une famille devient capable d'affronter cette violence, seule ou avec l'aide d'un thérapeute, c'est que la douleur du non-changement est devenue plus forte encore que la crainte de l'avenir. Se pose alors la question de la nature exacte de l'aide thérapeutique que l'on peut apporter, afin de canaliser et de rendre créatrice l'énergie paralysante de la culpabilité.

Pour certains thérapeutes, les modifications comportementales d'un individu ou d'un groupe ne peuvent se produire tant que le monde des représentations n'aura pas été transformé. D'autres, en revanche, considèrent que les modifications comportementales sont de nature à provoquer la transformation de ce monde. Cette petite passe d'armes n'est pas sans rappeler la distinction de C. G. Jung entre les « petites » psychothérapies visant à la superficialité de la guérison du symptôme et les « grandes » psychothérapies tablant sur la modification en profondeur de la personnalité. Dans les faits, l'expérience montre que cette distinction n'est pas tenable. S'il est des familles qui peuvent modifier structurellement leur façon de vivre à partir de prescriptions comportementales, directes ou paradoxales, d'autres, plus résistantes, n'évolueront pas, parce que les changements proposés sont trop brutaux et mettent à mal leur adaptabilité. La violence de la thérapie risque alors d'amplifier la crise et de renforcer le trouble, en imposant une vitesse d'adaptation à laquelle ces systèmes familiaux sont incapables de se plier. Pour ces familles douloureuses et résistantes, il faut du temps, car le changement passera nécessairement par un travail sur le monde des représentations et la mise en place de nouvelles mythologies. La « greffe mythique » est une intervention chirurgicale longue mais qui, peu à peu, par la circulation de la parole et les voyages dans le passé, permet de construire de nouveaux liens.

L'opulence économique depuis les années 1960 a eu pour conséquences d'associer le bonheur à l'argent et d'hypertrophier un individualisme au nom duquel les liens familiaux traditionnels ont été sacrifiés. En sont issus, en partie, les démariages et les recompositions familiales d'aujourd'hui [5]. La pratique des entretiens familiaux montre que si les recompositions familiales sont toujours source de souffrance, elles sont rarement pathogènes. C'est une chose que de souffrir parce que ses parents sont séparés ; c'en est une autre de ne pas pouvoir dépasser sa souffrance. Or ce qui est pathogène, c'est-à-dire de nature à fixer l'enfant dans son traumatisme, c'est, outre sa triangulation dans un conflit de couple que la séparation n'a pas réparé, la décomposition générale du lien. Au-delà, donc, des recompositions familiales, c'est la décomposition du sens qui touche l'ensemble d'une société, parce que les choses vont désormais trop vite. L'individualisme et l'impossibilité de plus en plus grande de faire ce lien a liquéfié la vie et a donné à la mort « l'allure terrifiante d'un anéantissement complet au lieu de n'être, pour ainsi dire, qu'une péripétie de la vie elle-même [6] ».

En voyant la violence des manifestations de chômeurs devant les magasins de l'opulence, je ne peux m'empêcher de penser que le problème aujourd'hui n'est plus le prix du foie gras, mais celui qu'il faudra mettre pour racheter notre humanité.

NOTES ET RÉFÉRENCES BIBLIOGRAPHIQUES

Avant-propos

1. E. Lambert, « Vous n'allez tout de même pas rester comme ça », in *Thérapies de l'âme. Inflation du psychologisme*, Paris, Autrement, coll. « Mutations », n° 43, octobre 1982.

2. J. Delumeau, *Le Péché et la Peur. La culpabilisation en Occident, XIIIe-XVIIIe siècle*, Paris, Fayard, 1983.

3. Ch. Baladier, « Culpabilité », *Encyclopaedia Universalis*, 1985.

4. L. Follea, *Le Monde*, 15-16 décembre 1996.

– 1 –
L'ÉCHEC SCOLAIRE

1. B. Cyrulnik, communication personnelle.

2. J.-A. Malarewicz, « Dynamique familiale et réussite de l'échec scolaire », *in* F. Blanchard, E. Casagrande, P. Mc Culloch (dir.), *Échec scolaire. Nouvelles perspectives systémiques*, Paris, ESF, 1994.

3. L. von Bertalanffy, *Théorie générale des systèmes*, Paris, Dunod, 1973.

4. M. Elkaïm, *Si tu m'aimes ne m'aime pas. Approche systémique et psychothérapie*, Paris, Seuil, 1989.

5. C. François, communication personnelle.

6. G. Ausloos, *La Compétence des familles. Temps, chaos, processus*, Toulouse, Érès, 1995.

7. M. Berger, *Le Travail thérapeutique avec la famille*, Paris, Dunod, 1995.

8. V. D. Papero, « La théorie bowenienne des systèmes familiaux », *in* M. Elkaïm (dir.), *Panorama de thérapies familiales*, Paris, Seuil, 1995.

9. M. Bowen, *La Différenciation de soi*, Paris, ESF, 1984.

10. G. Nardone, P. Watzlawick, *L'Art du changement. Thérapie stratégique et hypnothérapie sans transe*, Le Bouscat, L'Esprit du temps, coll. « Psychologie », 1993.

11. H. Caglar, « La compréhension de l'échec scolaire à travers la lecture des crises familiales : la technique du double cursus commenté », *in* F. Blanchard, E. Casagrande, P. Mc Culloch P. (dir.), *Échec scolaire. Nouvelles perspectives systémiques*, Paris, ESF, 1994.

12. Don D. Jackson, « The question of family homeostasis », *Psychiatric Quarterly Supplement*, 31, 1957, p. 79-90.

13. N. Wiener, *Cybernetics*, Paris, Hermann, 1948.

14. M. Nanchen, « De l'individualisme à l'autonomie », *Thérapie familiale*, vol XI, 3, 1990, p. 261-271.

15. M. Garbellini, « La construction sociale de l'échec scolaire », *in* F. Blanchard, E. Casagrande, P. Mc Culloch P. (dir.), *Échec scolaire. Nouvelles perspectives systémiques*, Paris, ESF, 1994.

16. R. Rosenthal, L. Jacobson, *Pygmalion à l'école*, Paris, Casterman, 1971.

17. B. Gibello, M.-L. Verdier-Gibello, « Troubles instrumentaux et échec scolaire », *Confrontations psychiatriques*, n° 23, 1983.

18. H. Montagner, *En finir avec l'échec à l'école*, Paris, Bayard, coll. « Sciences », 1996.

19. G. Lovey, M. Nanchen, « Une difficulté scolaire s'est muée en échec, comment en sortir ? », *in* F. Blanchard, E. Casagrande, P. Mc Culloch P. (dir.), *Échec scolaire. Nouvelles perspectives systémiques*, Paris, ESF, 1994.

20. B. Aumont, P.-M. Mesnier, *L'Acte d'apprendre*, Paris, PUF, 1995.

21. « Ces enfants qui s'en sortent malgré tout », Congrès de Chateauvallon organisé les 20 et 21 juin 1997 par l'AFRECA et la Ligue française pour la santé mentale.

22. P. Mc Culloch, « Reconnaissance et partage : agir sur l'échec scolaire à l'école », *in* F. Blanchard, E. Casagrande, P. Mc Culloch P. (dir.), *Échec scolaire. Nouvelles perspectives systémiques*, Paris, ESF, 1994.

23. R. Ebtinger, J.-P. Adjedj, « Aspects du fléchissement scolaire à l'adolescence », *Confrontations psychiatriques*, n° 23, 1983.

24. F. de Singly, *Sociologie de la famille contemporaine*, Paris, Nathan, 1993.

25. M. Tousignant, *Les Origines sociales et culturelles des troubles psychologiques*, Paris, PUF, 1992.

26. E. Durkheim (1922), *Éducation et Sociologie*, Paris, PUF, 1966.

27. A. Prost, « Frontières et espaces du privé », *in* Ph. Ariès et G. Duby (dir.), *Histoire de la vie privée*, tome 5, Paris, Seuil, 1987.

28. M. Morales-Huet, « Psychothérapies mère-bébé à domicile. Trai-

tement de dyades mère-enfant à risques et inaccessibles aux soins en institution », *Devenir*, vol. 8, n° 2, 1996, p. 7-41.

29. S. Vanistendael, « Blessé mais pas vaincu : la résilience », *Enfance majuscule*.

30. J.-C. Benoit, *Patients, familles et soignants*, Toulouse, Érès, 1992.

31. L. Cancrini, *Bambini diversi a scuola*,Torino, Boringhieri, 1974.

32. M. Selvini Palazolli, S. Cirillo, L. D'Ettore, M. Garbellini et coll., *Le Magicien sans magie*, Paris, ESF, 1980.

33. M. Elkaïm, « Système familial et système social », in *Cahiers critiques de thérapies familiales et de pratiques de réseaux*, 2, *Gamma*, 1979.

– 2 –
PSYCHOSOMATIQUE

1. P. Fedida, « Corps : soma et psyché », *Encyclopaedia Universalis*, tome 5, 1985, p. 561.

2. S. Bourcet, *Dynamique familiale et psychosomatique*, Mémoire pour l'obtention de l'attestation d'études universitaires de thérapie familiale systémique, Marseille/Aix-en-Provence, juin 1997.

3. S. Minuchin, *Familles en thérapie*, Paris, Éditions Universitaires, coll. « Thérapies », 1979.

4. I. Paulhan, M. Bourgeois, *Stress et coping. Les stratégies d'ajustement à l'adversité*, Paris, PUF, 1995.

5. F. Villemain, *Stress et immunologie*, Paris, PUF, 1989.

6. P. Pageat, *Pathologie du comportement du chien*, Point vétérinaire, coll. « Médecine Vétérinaire », 1995.

7. C. Beata, communication personnelle.

8. P. Pageat, communication personnelle.

9. M. Siméon, P. Malvaux, « L'obésité et le monde du sentir », *in* L. Onnis (dir.), *Les Langages du corps. La révolution systémique en psychosomatique*, Paris, ESF, 1996.

10. L. Onnis, *Corps et contexte. Thérapie familiale des troubles psychosomatiques*, Paris, ESF, 1989.

11. L. Kreisler, *La Psychosomatique de l'enfant*, Paris, PUF, coll. « Que sais-je ? », 5e édition, 1996.

12. J. Miermont (dir.), *Dictionnaire des thérapies familiales. Théories et pratiques*, Paris, Payot, 1987.

13. P. Marty, M. de M'uzan, C. David, *L'Investigation psychosomatique*, Paris, PUF, 1963.

14. P.-H. Keller, *La Médecine psychosomatique en question. Le savoir du malade*, Paris, Odile Jacob, 1997.

15. Ch. Baddoura, « Les enfants de la guerre », communication lors du congrès de Chateauvallon « Ces enfants qui s'en sortent malgré tout », 20 et 21 juin 1997.

16. R. Debray, *Clinique de l'expression somatique*, Lausanne, Delachaux et Niestlé, 1996.

17. J.-C. Nemiah, P. E. Sifneos, « Affect and fantasy in patients with psychosomatic disorders », *in* O. Hill (ed.), *Modern Trends in Psychosomatic Medecine*, Londres, Butterworth, 1970.

18. R. Dantzer, *L'Illusion psychosomatique*, Paris, Odile Jacob, 1989, rééd. coll. « Points Odile Jacob », 1992.

19. C. Beata, A. Alaméda, B. Cyrulnik, « Pouvoir façonnant des interactions entre les propriétaires et les animaux de compagnie lors d'une consultation vétérinaire », *Écologie Éthologie humaine*, n° 2, 1993, p. 36-43.

20. M. Bowen, *La Différentiation de soi*, Paris, ESF, 1984.

21. É. Zarifian, *Le Prix du bien-être. Psychotropes et société*, Paris, Odile Jacob, 1996.

– 3 –
VIOLENCES

1. Y. Michaud, *La Violence apprivoisée*, Paris, Hachette, 1996.

2. F. Héritier, *De la violence*, Paris, Odile Jacob, coll. « Opus », 1996.

3. J. Bergeret, *La Violence fondamentale*, Paris, Dunod, 1984.

4. D. Van Caneghem, *Agressivité et combativité*, Paris, PUF, 1978.

5. I. Eibl-Eibelsfeldt, *Éthologie : biologie du comportement*, Paris, Naturalia et Biologia, 3e édition, 1984.

6. J. Miermont, *Écologie des liens*, Paris, ESF, 1993.

7. Genèse 2,3.

8. M. Heireman, *Du côté de chez soi. La thérapie contextuelle d'Ivan Boszormenyi-Nagy*, Paris, ESF, 1989.

9. A. Bourguignon, *L'Homme imprévu*, Paris, PUF, 1989.

10. B. Heude, « Maitres mordus », Congrès GECAF Porquerolles, septembre 1996.

11. G. Nardone, P. Watzlawick, *L'Art du changement. Thérapie stratégique et hypnothérapie sans transe*, Le Bouscat, L'Esprit du temps, coll. « Psychologie », 1993.

12. L. Bailly, *Les Catastrophes et leurs conséquences psychotraumatiques chez l'enfant*, Paris, ESF, 1996.

13. M. Elkaïm, *Si tu m'aimes ne m'aimes pas. Approche systémique et psychothérapie*, Paris, Seuil, 1989.

14. R. Perrone, M. Mannini, *Violence et abus sexuels dans la famille. Une approche systémique et communicationnelle*, Paris, ESF, 1995.

15. E. G. Dunning, « La violence populaire en Grande-Bretagne », *La Recherche*, n° 189, juin 1987, vol. 18, p. 798-803.

16. E. A. Sand, O. Jeanneret, Cl. Romer, « Aspects étiologiques des comportements agressifs chez les jeunes adolescents et les jeunes adultes : violence intentionnelle et interpersonnelle », *in* C. Rey (dir.), *Les Adolescents face à la violence*, Paris, Syros, 1996.

17. D. Welzer-Lang, « Violences et construction sociales de la masculinité : homophobie et adolescence », *in* C. Rey (dir.), *Les Adolescents face à la violence*, Paris, Syros, 1996.

18. D. Lepoutre, *Cœur de banlieue. Code, rites et langages*, Paris, Odile Jacob, 1997.

19. J.-P. Leguay, *La Rue au Moyen Âge*, Rennes, Ouest-France, 1984.

20. M. Choquet, « La violence des jeunes : données épidémiologiques », *in* C. Rey (dir.), *Les Adolescents face à la violence*, Paris, Syros, 1996.

21. S. Tomkiewicz, « Le maintien du lien : pourquoi ? », *in* M. Gabel, S. Lebovici, Ph. Mazet (dir.), *Maltraitance : maintien du lien*, Paris, Fleurus, 1995.

22. M. Berger, *L'Enfant et la souffrance de la séparation*, Paris, Dunod, 1997.

23. Y. Michaud, « Violence », *Encyclopaedia Universalis*, tome 18, 1985, p. 915-919.

– 4 –
RUPTURES

1. H. Fisher, *Histoire naturelle de l'amour*, Paris, Robert Laffont, 1994.

2. F. Alberoni, *Le Vol nuptial. L'imaginaire amoureux de femmes*, Paris, Plon, 1992.

3. R. Kaes, *Le Travail psychanalytique dans les groupes*, Paris, Dunod, 1982.

4. R. Roussillon, *Paradoxes et situations limites de la psychanalyse*, Paris, PUF, 1991.

5. J.-P. Vernant, « L'individu, la mort, l'amour », *in* J.-P. Vernant, *Soi-même et l'Autre en Grèce ancienne*, Paris, Gallimard, 1989.

6. M.-L. Dimon, « Plutôt l'enfer que la souffrance », *in* « Couples et narcissisme », *Dialogue*, n° 122, 4e trimestre 1993.

7. A. J. Ferreira, « Les mythes familiaux », *in* P Watzlawick et J. H. Weakland (dir.), *Sur l'interaction*, Palo Alto, 1965-1974, *Une nouvelle approche thérapeutique*, Paris, Seuil, 1981.

8. B. Cyrulnik, *Sous le signe du lien*, Paris, Hachette, 1989, rééd. coll. « Pluriel », 1997.

9. I. Théry, *Le Démariage. Justice et vie privée*, Paris, Odile Jacob, 1993, nouvelle édition, coll. « Opus », 1996.

10. A. Eiguer, « Lien d'alliance, la psychanalyse et la thérapie de couple », in *La Thérapie psychanalytique du couple*, Paris, Dunod, 1991.

11. O. Wilde, *Le Portrait de Dorian Gray*, Paris, Stock, 1975.

12. M. Elkaïm, *Si tu m'aimes ne m'aime pas. Approche systémique et psychothérapie*, Paris, Seuil, 1989.

13. A. Guedeney, « Attachement et psychopathologie, transmission et réparation », *Bulletin WAIMH France*, vol. 3, n° 2, 1996.

14. P. Watzlawick, J. Helmick-Beavin, D. Jackson, *Une logique de la communication*, Paris, Seuil, 1972.

15. J.-C. Benoit, *Patients, familles et soignants*, Toulouse, Érès, 1992.

16. S. Minuchin, *Familles en thérapie*, Paris, Éditions Universitaires, coll. « Thérapies », 1979.

17. J. Haley, « Aspects de la théorie des systèmes et psychothérapie », *in* M. Elkaïm (dir.), *La Thérapie familiale en changement*, Le Plessis-Robinson, Les Empêcheurs de tourner en rond, 1994.

18. E. Morin, *Introduction à la pensée complexe*, Paris, ESF, 1990.

19. S. Ionescu, *Quatorze Approches de la psychopathologie*, Paris, Nathan, 1991.

20. J. Miermont, *Écologie des liens*, Paris, ESF, 1993.

– 5 –
INCESTES

1. J. Dubois, H. Mitterand, A. Dauzat, *Dictionnaire étymologique et historique du français*, Paris, Larousse, 1993.

2. L. Razon, *Énigme de l'inceste. Du fantasme à la réalité*, Paris, Denoël, 1996.

3. *Le Petit Robert*, Éditions Dictionnaires Le Robert, 1985.

4. D. Vrignaud, « Les comptes de l'inceste ordinaire », *in* F. Héritier (dir.), B. Cyrulnik, A. Naouri, *De l'inceste*, Paris, Odile Jacob, coll. « Opus », 1994.

5. A. Crivillé, M. Deschamps, C. Fernet, M.-F. Sittler, *L'Inceste. Comprendre pour intervenir*, Paris, Dunod-Privat, 1994.

6. F. Héritier, « Présentation », *in* F. Héritier (dir.), B. Cyrulnik, A. Naouri, *De l'inceste*, Paris, Odile Jacob, coll. « Opus », 1994.

7. M. Heireman, *Du côté de chez soi. La thérapie contextuelle d'Ivan Boszormenyi-Nagy*, Paris, ESF, 1989.

8. C. Thouvenin, « Le doute », *in* E. Hadjiiski, D. Agostini., F. Dardel, C. Thouvenin, « Du cri au silence », Paris, CTNERHI, 1986.

9. B. Cyrulnik, « Le sentiment incestueux », *in* F. Héritier (dir.), B. Cyrulnik, A. Naouri, *De l'inceste*, Paris, Odile Jacob, coll. « Opus », 1994.

10. H. Van Gijseghem, « Réflexions sur la révélation et la rétractation », *in* AFIREM, *Secret maintenu, secret dévoilé. À propos de la maltraitance*, Paris, Karthala, 1994.

11. F. Gruyer, M. Fadier-Nisse, P. Sabourin, *La Violence impensable*, Paris, Nathan, 1991.

12. A. Naouri, « Un inceste sans passage à l'acte, la relation mère-enfant », *in* F. Héritier (dir.), B. Cyrulnik, A. Naouri, *De l'inceste*, Paris, Odile Jacob, coll. « Opus », 1994.

13. M. Rouyet, M. Drouet, *L'Enfant violenté*, Bayard Éditions-Le Centurion, 1986.

14. V. de Gaulejac, *Les Sources de la honte*, Paris, Desclée de Brouwer, 1996.

15. M. Mac Goldrick, R. Gerson, *Génogrammes et entretien familial*, Paris, ESF, 1989.

16. R. Neuburger, *Le Mythe familial*, Paris, ESF, 1995.

17. Ph. Ariès, G. Duby, *Histoire de la vie privée*, tome 2, Paris, Seuil, 1985

18. B. Cyrulnik, communication personnelle.

19. F. Roustang, *Comment faire rire un paranoïaque ?*, Paris, Odile Jacob, coll. « Opus », 1996.

20. *Encyclopédie du XIXᵉ siècle* (Bureau de l'Encyclopédie, tome 14, 1852, p. 359-360), *in* F. Gruyer, M. Fadier-Nisse, P. Sabourin, *La Violence impensable*, Paris, Nathan, 1991.

21. A. M. Sohn, « Les attentats à la pudeur sur les fillettes et la sexualité quotidienne en France », in *Violences sexuelles*, Paris, Imago, 1989.

– 6 –
ARGENT

1. F. de Singly, *Sociologie de la famille contemporaine*, Paris, Nathan, 1993.

2. J.-M. Bretagne, *Ça m'intéresse*, n° 199, septembre 1997, p. 16-20.

3. N. Tatu, « Le couple et l'argent », *Le Nouvel Observateur*, n° 1510, 14 au 20 octobre 1993.

4. M. Perrot, « Fonctions de la famille », in *Histoire de la vie privée*, tome 4, Paris, Seuil, 1986.

5. S. Freud, « Sur les transpositions des pulsions plus particulièrement dans l'érotisme anal », in *La Vie sexuelle*, Paris, PUF, 1992.

6. J. Lemaire, « Les cadeaux dans la famille », *in* « Dettes et cadeaux dans la famille », *Dialogue*, n° 110, 4ᵉ trimestre 1990.

7. H. Schoeck, *L'Envie. Une histoire du mal*, Paris, Les Belles Lettres, 1995.

8. M.-L. Dimon, « L'enfant gâté ou l'enfant-lierre », *in* « Dettes et cadeaux dans la famille », *Dialogue*, n° 110, 4ᵉ trimestre 1990.

9. M. Klein, *Envie et gratitude*, Paris, Gallimard, 1968.

10. M. R. Wright, *L'Animal moral*, Paris, Michalon, 1995.

11. C. Ducommun-Nagy, « La thérapie contextuelle », *in* M. Elkaïm (dir.), *Panorama de thérapies familiales*, Paris, Seuil, 1995.

12. R. Clément : « L'accès à la capacité d'ambivalence vient signer une certaine forme de sortie de l'archaïque, elle marque alors le dépassement des mécanismes de clivage qui, jusque-là, en l'absence d'une suffisante élaboration, conduisaient à tenir séparées, en force, des tensions intérieures antagonistes. Accepter de pouvoir contenir et faire cohabiter en soi le bon et le mauvais dans une dialectique permanente, c'est aussi dans ce sens qu'on peut utiliser la notion d'ambivalence » (*Parents en souffrance*, Paris, Stock, 1993).

13. M. Huteau, « Identité et intentions d'avenir », *in* A. Braconnier, C. Chiland, M. Choquet, R. Pomarède (dir.), *Adolescentes, adolescents, Psychopathologie différentielle*, Paris, Bayard Éditions/Fondation de France, 1995.

14. A. Langevin, « Pédagogie de la circulation de l'argent dans la famille », *in* « L'argent du couple et comptes familiaux », *Dialogue*, n° 109, 3e trimestre 1990.

15. J. Kellerhals, E. Lazega, « La perception des droits de propriété individuelle dans la famille », *in* « L'argent du couple et comptes familiaux », *Dialogue*, n° 109, 3e trimestre 1990.

16. G. Wilson, « L'argent : formes de responsabilité et d'irresponsabilité dans le couple », *in* « L'argent du couple et comptes familiaux », *Dialogue*, n° 109, 3e trimestre 1990.

17. R. Rochefort, *La Société des consommateurs*, Paris, Odile Jacob, 1995.

18. I. Théry, *Le Démariage. Justice et vie privée*, Paris, Odile Jacob, 1993, nouvelle édition, coll. « Opus », 1996.

19. L. Roussel, *La Famille incertaine*, Paris, Odile Jacob, 1989.

20. M. Glaude, M. Moutardier, « Une évaluation du coût direct de l'enfant de 1979 à 1989 », in *Économie et Statistique*, n° 248, novembre 1991.

21. C. Collange, *Nos sous*, Paris, Fayard, 1989.

22. I. Théry, « Recomposer une famille, des rôles et des sentiments », Paris, Textuel, 1995.

23. J. Attali, *Au propre et au figuré. Une histoire de la propriété*, Paris, Fayard, 1988.

– 7 –
DEUILS

1. Ph. Ariès, *Essais sur l'histoire de la mort en Occident. Du Moyen Âge à nos jours*, Paris, Seuil, 1975.

2. H. C. Shands, *The War of Words*, La Haye, Mouton, 1979.

3. J.-L. Le Moigne, « Crises », *in* M. Elkaïm (dir.), *La Thérapie familiale en changement*, Le Plessis-Robinson, Les Empêcheurs de penser en rond, 1994.

4. S. Freud, « Essais de psychanalyse appliquée », *La Création littéraire et le rêve éveillé*, Paris, Gallimard, coll. « Idées », 1980.

5. B. Camdessus, M. Bonjean, R. Spector, *Les Crises familiales du grand âge*, Paris, ESF, 1989.

6. I. Yhuel, « Emmène-moi au cimetière », in *Deuils*, Paris, Autrement, coll. « Mutations », n° 128, mars 1992.

7. F. Alexander, T. French, *Psychoanalytic Therapy*, New York, Ronald Press, 1946.

8. C. Mazy, P. Calvet, « La résilience, les enfants du Rwanda », intervention à Châteauvallon le 20 juin 1997 dans le cadre du congrès « Ces enfants qui s'en sortent malgré tout ».

9. E. Morin, *L'Homme et la Mort*, Paris, Seuil, 1970.

10. M.-F. Bacqué, *Le Deuil à vivre*, Paris, Odile Jacob, 1992, nouvelle édition, coll. « Opus », 1995.

11. M. Berger, *Pratique des entretiens familiaux*, Paris, PUF, 1987.
12. B. Cyrulnik, A. Alaméda, Cl. Beata, « L'enfant de remplacement », entretien de Bichat, 29 septembre 1993.
13. M. Mac Goldrick, R. Gerson, *Génogrammes et entretien familial*, Paris, ESF, 1989.
14. X. Pommereau, *L'Adolescent suicidaire*, Paris, Dunod, 1996.
15. J.-A. Malarewicz, *Comment la thérapie vient au thérapeute*, Paris, ESF, 1996.
16. M. Delage, « Historisation et observation des adolescents », cours de DEU d'éthologie, Châteauvallon, 16 janvier 1996.
17. M. Augé, « Ce que nous avons perdu, ce sont les vivants, pas les morts », *in* M. Augé (dir.), *La Mort et moi et nous*, Paris, Textuel, 1995.
18. M. de. Hennezel, *La Mort intime*, Paris, Robert Laffont, 1995.
19. A. Chalanset, « Du cri à la parole », in *Deuils*, Paris, Autrement, coll. « Mutations », n° 128, mars 1992.
20. Ch. Baddoura, communication personnelle.
21. P. Pageat, communication personnelle.
22. P. Straus, M. Manciaux, G. Descamps, *Les Mauvais Traitements envers les enfants*, Paris, CTNERHI, 1976.
23. D. Girodet, « La prévention », *in* P. Straus, M. Manciaux, M. Gabel, D. Girodet, C. Mignot, M. Rouyer (dir.), *L'Enfant maltraité*, Paris, Fleurus, 1993.
24. B. Paillard, « Le sida ou comment recoudre le lien social », *in* M. Augé, *La Mort et moi et nous*, Paris, Textuel, 1995.

Épilogue

1. J.-C. Benoit, *Patients, familles et soignants*, Toulouse, Érès, 1992.
2. B. Pascal, *Œuvres complètes*, Paris, Gallimard, « Bibliothèque de la Pléiade », 1960.
3. T. Nathan, *L'Influence qui guérit*, Paris, Odile Jacob, 1994.
4. R. Perrone, M. Nannini, *Violence et abus sexuels dans la famille. Une approche systémique et communicationnelle*, Paris, ESF, 1995.
5. I. Théry, *Le Démariage. Justice et vie privée*, Paris, Odile Jacob, 1993, nouvelle édition, coll. « Opus », 1996.
6. L. Ferry, *L'homme-Dieu ou le Sens de la vie*, Paris, Grasset 1996.

REMERCIEMENTS

à Christine François pour ses talents de psychothérapeute, à Marie-Lorraine Colas pour son grand professionnalisme et sa gentillesse,
à mon service pour sa disponibilité et sa créativité,
aux familles pour leur confiance,
à Claude Beata, Jacques Colin, Boris Cyrulnik et Patrick Pageat, pour m'avoir donné le goût de la recherche,
à mes parents et beaux-parents pour leur sagesse,
à Martine, Sébastien et Florence pour leur patience abyssale.

TABLE

DANS LA COLLECTION « POCHES ODILE JACOB »

N° 1 : Aldo Naouri, *Les Filles et leurs mères*
N° 2 : Boris Cyrulnik, *Les Nourritures affectives*
N° 3 : Jean-Didier Vincent, *La Chair et le Diable*
N° 4 : Jean François Deniau, *Le Bureau des secrets perdus*
N° 5 : Stephen Hawking, *Trous noirs et Bébés univers*
N° 6 : Claude Hagège, *Le Souffle de la langue*
N° 7 : Claude Olievenstein, *Naissance de la vieillesse*
N° 8 : Édouard Zarifian, *Les Jardiniers de la folie*
N° 9 : Caroline Eliacheff, *À corps et à cris*
N° 10 : François Lelord, Christophe André, *Comment gérer les personnalités difficiles*
N° 11 : Jean-Pierre Changeux, Alain Connes, *Matière à pensée*
N° 12 : Yves Coppens, *Le Genou de Lucy*
N° 13 : Jacques Ruffié, *Le Sexe et la Mort*
N° 14 : François Roustang, *Comment faire rire un paranoïaque ?*
N° 15 : Jean-Claude Duplessy, Pierre Morel, *Gros Temps sur la planète*
N° 16 : François Jacob, *La Souris, la Mouche et l'Homme*
N° 17 : Marie-Frédérique Bacqué, *Le Deuil à vivre*
N° 18 : Gerald M. Edelman, *Biologie de la conscience*
N° 19 : Samuel P. Huntington, *Le Choc des civilisations*
N° 20 : Dan Kiley, *Le Syndrome de Peter Pan*
N° 21 : Willy Pasini, *À quoi sert le couple ?*
N° 22 : Françoise Héritier, Boris Cyrulnik, Aldo Naouri, *De l'inceste*
N° 23 : Tobie Nathan, *Psychanalyse païenne*
N° 24 : Raymond Aubrac, *Où la mémoire s'attarde*
N° 25 : Georges Charpak, Richard L. Garwin, *Feux follets et Champignons nucléaires*
N° 26 : Henry de Lumley, *L'Homme premier*
N° 27 : Alain Ehrenberg, *La Fatigue d'être soi*
N° 28 : Jean-Pierre Changeux, Paul Ricœur, *Ce qui nous fait penser*
N° 29 : André Brahic, *Enfants du Soleil*
N° 30 : David Ruelle, *Hasard et Chaos*
N° 31 : Claude Olievenstein, *Le Non-dit des émotions*
N° 32 : Édouard Zarifian, *Des paradis plein la tête*
N° 33 : Michel Jouvet, *Le Sommeil et le Rêve*
N° 34 : Jean-Baptiste de Foucauld, Denis Piveteau, *Une société en quête de sens*
N° 35 : Jean-Marie Bourre, *La Diététique du cerveau*
N° 36 : François Lelord, *Les Contes d'un psychiatre ordinaire*

N° 37 : Alain Braconnier, *Le Sexe des émotions*
N° 38 : Temple Grandin, *Ma vie d'autiste*
N° 39 : Philippe Taquet, *L'Empreinte des dinosaures*
N° 40 : Antonio R. Damasio, *L'Erreur de Descartes*
N° 41 : Édouard Zarifian, *La Force de guérir*
N° 42 : Yves Coppens, *Pré-ambules*
N° 43 : Claude Fischler, *L'Homnivore*
N° 44 : Brigitte Thévenot, Aldo Naouri, *Questions d'enfants*
N° 45 : Geneviève Delaisi de Parseval, Suzanne Lallemand, *L'Art d'accommoder les bébés*
N° 46 : François Mitterrand, Elie Wiesel, *Mémoire à deux voix*
N° 47 : François Mitterrand, *Mémoires interrompus*
N° 48 : François Mitterrand, *De l'Allemagne, de la France*
N° 49 : Caroline Eliacheff, *Vies privées*
N° 50 : Tobie Nathan, *L'Influence qui guérit*
N° 51 : Éric Albert, Alain Braconnier, *Tout est dans la tête*
N° 52 : Judith Rapoport, *Le garçon qui n'arrêtait pas de se laver*
N° 53 : Michel Cassé, *Du vide et de la création*
N° 54 : Ilya Prigogine, *La Fin des certitudes*
N° 55 : Ginette Raimbault, Caroline Eliacheff, *Les Indomptables*
N° 56 : Marc Abélès, *Un ethnologue à l'Assemblée*
N° 57 : Alicia Lieberman, *La Vie émotionnelle du tout-petit*
N° 58 : Robert Dantzer, *L'Illusion psychosomatique*
N° 59 : Marie-Jo Bonnet, *Les Relations amoureuses entre les femmes*
N° 60 : Irène Théry, *Le Démariage*
N° 61 : Claude Lévi-Strauss, Didier Éribon, *De près et de loin*
N° 62 : François Roustang, *La Fin de la plainte*
N° 63 : Luc Ferry, Jean-Didier Vincent, *Qu'est-ce que l'homme ?*
N° 64 : Aldo Naouri, *Parier sur l'enfant*
N° 65 : Robert Rochefort, *La Société des consommateurs*
N° 66 : John Cleese, Robin Skynner, *Comment être un névrosé heureux*
N° 67 : Boris Cyrulnik, *L'Ensorcellement du monde*
N° 68 : Darian Leader, *À quoi penses-tu ?*
N° 69 : Georges Duby, *L'Histoire continue*
N° 70 : David Lepoutre, *Cœur de banlieue*
N° 71 : Université de tous les savoirs 1, *La Géographie et la Démographie*
N° 72 : Université de tous les savoirs 2, *L'Histoire, la Sociologie et l'Anthropologie*
N° 73 : Université de tous les savoirs 3, *L'Économie, le Travail, l'Entreprise*

N° 74 : Christophe André, François Lelord, *L'Estime de soi*
N° 75 : Université de tous les savoirs 4, *La Vie*
N° 76 : Université de tous les savoirs 5, *Le Cerveau, le Langage, le Sens*
N° 77 : Université de tous les savoirs 6, *La Nature et les Risques*
N° 78 : Boris Cyrulnik, *Un merveilleux malheur*
N° 79 : Université de tous les savoirs 7, *Les Technologies*
N° 80 : Université de tous les savoirs 8, *L'Individu dans la société d'aujourd'hui*
N° 81 : Université de tous les savoirs 9, *Le Pouvoir, L'État, la Politique*
N° 82 : Jean-Didier Vincent, *Biologie des passions*
N° 83 : Université de tous les savoirs 10, *Les Maladies et la Médecine*
N° 84 : Université de tous les savoirs 11, *La Philosophie et l'Éthique*
N° 85 : Université de tous les savoirs 12, *La Société et les Relations sociales*
N° 86 : Roger-Pol Droit, *La Compagnie des philosophes*
N° 87 : Université de tous les savoirs 13, *Les Mathématiques*
N° 88 : Université de tous les savoirs 14, *L'Univers*
N° 89 : Université de tous les savoirs 15, *Le Globe*
N° 90 : Jean-Pierre Changeux, *Raison et Plaisir*
N° 91 : Antonio R. Damasio, *Le Sentiment même de soi*
N° 92 : Université de tous les savoirs 16, *La Physique et les Éléments*
N° 93 : Université de tous les savoirs 17, *Les États de la matière*
N° 94 : Université de tous les savoirs 18, *La Chimie*
N° 95 : Claude Olievenstein, *L'Homme parano*
N° 96 : Université de tous les savoirs 19, *Géopolitique et Mondialisation*
N° 97 : Université de tous les savoirs 20, *L'Art et la Culture*
N° 98 : Claude Hagège, *Halte à la mort des langues*
N° 99 : Jean-Denis Bredin, Thierry Lévy, *Convaincre*
N° 100 : Willy Pasini, *La Force du désir*
N° 101 : Jacques Fricker, *Maigrir en grande forme*
N° 102 : Nicolas Offenstadt, *Les Fusillés de la Grande Guerre*
N° 103 : Catherine Reverzy, *Femmes d'aventure*
N° 104 : Willy Pasini, *Les Casse-pieds*
N° 105 : Roger-Pol Droit, *101 Expériences de philosophie quotidienne*
N° 106 : Jean-Marie Bourre, *La Diététique de la performance*
N° 107 : Jean Cottraux, *La Répétition des scénarios de vie*
N° 108 : Christophe André, Patrice Légeron, *La Peur des autres*
N° 109 : Amartya Sen, *Un nouveau modèle économique*
N° 110 : John D. Barrow, *Pourquoi le monde est-il mathématique ?*

N° 111 : Richard Dawkins, *Le Gène égoïste*
N° 112 : Pierre Fédida, *Des bienfaits de la dépression*
N° 113 : Patrick Légeron, *Le Stress au travail*
N° 114 : François Lelord, Christophe André, *La Force des émotions*
N° 115 : Marc Ferro, *Histoire de France*
N° 116 : Stanislas Dehaene, *La Bosse des maths*
N° 117 : Willy Pasini, Donato Francescato, *Le Courage de changer*
N° 118 : François Heisbourg, *Hyperterrorisme : la nouvelle guerre*
N° 119 : Marc Ferro, *Le Choc de l'Islam*
N° 120 : Régis Debray, *Dieu, un itinéraire*
N° 121 : Georges Charpak, Henri Broch, *Devenez sorciers, devenez savants*
N° 122 : René Frydman, *Dieu, la Médecine et l'Embryon*
N° 123 : Philippe Brenot, *Inventer le couple*
N° 124 : Jean Le Camus, *Le Vrai Rôle du père*
N° 125 : Elisabeth Badinter, *XY*
N° 126 : Elisabeth Badinter, *L'Un est l'Autre*
N° 127 : Laurent Cohen-Tanugi, *L'Europe et l'Amérique au seuil du XXIe siècle*
N° 128 : Aldo Naouri, *Réponses de pédiatre*
N° 129 : Jean-Pierre Changeux, *L'Homme de vérité*
N° 130 : Nicole Jeammet, *Les Violences morales*
N° 131 : Robert Neuburger, *Nouveaux Couples*
N° 132 : Boris Cyrulnik, *Les Vilains Petits Canards*
N° 133 : Christophe André, *Vivre heureux*
N° 134 : François Lelord, *Le Voyage d'Hector*
N° 135 : Alain Braconnier, *Petit ou grand anxieux ?*
N° 136 : Juan Luis Arsuaga, *Le Collier de Néandertal*
N° 137 : Daniel Sibony, *Don de soi ou partage de soi*
N° 138 : Claude Hagège, *L'Enfant aux deux langues*
N° 139 : Roger-Pol Droit, *Dernières Nouvelles des choses*
N° 140 : Willy Pasini, *Être sûr de soi*
N° 141 : Massimo Piattelli Palmarini, *Le Goût des études ou comment l'acquérir*
N° 142 : Michel Godet, *Le Choc de 2006*
N° 143 : Gérard Chaliand, Sophie Mousset, *2 000 ans de chrétientés*
N° 145 : Christian De Duve, *À l'écoute du vivant*
N° 146 : Aldo Naouri, *Le Couple et l'Enfant*

N° 147 : Robert Rochefort, *Vive le papy-boom*
N° 148 : Dominique Desanti, Jean-Toussaint Desanti, *La liberté nous aime encore*
N° 149 : François Roustang, *Il suffit d'un geste*
N° 150 : Howard Buten, *Il y a quelqu'un là-dedans*
N° 151 : Catherine Clément, Tobie Nathan, *Le Divan et le Grigri*
N° 152 : Antonio R. Damasio, *Spinoza avait raison*
N° 153 : Bénédicte de Boysson-Bardies, *Comment la parole vient aux enfants*
N° 154 : Michel Schneider, *Big Mother*
N° 155 : Willy Pasini, *Le Temps d'aimer*
N° 156 : Jean-François Amadieu, *Le Poids des apparences*
N° 157 : Jean Cottraux, *Les Ennemis intérieurs*
N° 158 : Bill Clinton, *Ma Vie*
N° 159 : Marc Jeannerod, *Le Cerveau intime*
N° 160 : David Khayat, *Les Chemins de l'espoir*
N° 161 : Jean Daniel, *La Prison juive*
N° 162 : Marie-Christine Hardy-Baylé, Patrick Hardy, *Maniaco-dépressif*
N° 163 : Boris Cyrulnik, *Le Murmure des fantômes*
N° 164 : Georges Charpak, Roland Omnès, *Soyez savants, devenez prophètes*
N° 165 : Aldo Naouri, *Les Pères et les Mères*
N° 166 : Christophe André, *Psychologie de la peur*
N° 167 : Alain Peyrefitte, *La Société de confiance*
N° 168 : François Ladame, *Les Éternels Adolescents*
N° 169 : Didier Pleux, *De l'enfant roi à l'enfant tyran*
N° 170 : Robert Axelrod, *Comment réussir dans un monde d'égoïstes*
N° 171 : François Millet-Bartoli, *La Crise du milieu de la vie*
N° 172 : Hubert Montagner, *L'Attachement*
N° 173 : Jean-Marie Bourre, *La Nouvelle Diététique du cerveau*
N° 174 : Willy Pasini, *La Jalousie*
N° 175 : Frédéric Fanget, *Oser*
N° 176 : Lucy Vincent, *Comment devient-on amoureux ?*
N° 177 : Jacques Melher, Emmanuel Dupoux, *Naître humain*
N° 178 : Gérard Apfeldorfer, *Les Relations durables*
N° 179 : Bernard Lechevalier, *Le Cerveau de Mozart*
N° 180 : Stella Baruk, *Quelles mathématiques pour l'école ?*

N° 181 : Patrick Lemoine, *Le Mystère du placebo*
N° 182 : Boris Cyrulnik, *Parler d'amour au bord du gouffre*
N° 183 : Alain Braconnier, *Mère et Fils*
N° 184 : Jean-Claude Carrière, *Einstein, s'il vous plaît*
N° 185 : Aldo Naouri, Sylvie Angel, Philippe Gutton, *Les Mères juives*
N° 186 : Jean-Marie Bourre, *La Vérité sur les oméga-3*
N° 187 : Édouard Zarifian, *Le Goût de vivre*
N° 188 : Lucy Vincent, *Petits arrangements avec l'amour*
N° 189 : Jean-Claude Carrière, *Fragilité*
N° 190 : Luc Ferry, *Vaincre les peurs*
N° 191 : Henri Broch, *Gourous, sorciers et savants*
N° 192 : Aldo Naouri, *Adultères*
N° 193 : Violaine Guéritault, *La Fatigue émotionnelle et physique des mères*
N° 194 : Sylvie Angel et Stéphane Clerget, *La Deuxième Chance en amour*
N° 195 : Barbara Donville, *Vaincre l'autisme*
N° 196 : François Roustang, *Savoir attendre*
N° 197 : Alain Braconnier, *Les Filles et les Pères*
N° 198 : Lucy Vincent, *Où est passé l'amour ?*
N° 199 : Claude Hagège, *Combat pour le français*
N° 200 : Boris Cyrulnik, *De chair et d'âme*
N° 201 : Jeanne Siaud-Facchin, *Aider son enfant en difficulté scolaire*
N° 202 : Laurent Cohen, *L'Homme-thermomètre*
N° 203 : François Lelord, *Hector et les secrets de l'amour*
N° 204 : Willy Pasini, *Des hommes à aimer*
N° 205 : Jean-François Gayraud, *Le Monde des mafias*
N° 206 : Claude Béata, *La Psychologie du chien*
N° 207 : Denis Bertholet, *Claude Lévi-Strauss*
N° 208 : Alain Bentolila, *Le Verbe contre la barbarie*
N° 209 : François Lelord, *Le Nouveau Voyage d'Hector*
N° 210 : Pascal Picq, *Lucy et l'obscurantisme*
N° 211 : Marc Ferro, *Le Ressentiment dans l'histoire*
N° 212 : Willy Pasini, *Le Couple amoureux*
N° 213 : Christophe André, François Lelord, *L'Estime de soi*
N° 214 : Lionel Naccache, *Le Nouvel Inconscient*
N° 215 : Christophe André, *Imparfaits, libres et heureux*
N° 216 : Michel Godet, *Le Courage du bon sens*

N° 217 : Daniel Stern, Nadia Bruschweiler, *Naissance d'une mère*
N° 218 : Gérard Apfeldorfer, *Mangez en paix !*
N° 219 : Libby Purves, *Comment ne pas être une mère parfaite*
N° 220 : Gisèle George, *La Confiance en soi de votre enfant*
N° 221 : Libby Purves, *Comment ne pas élever des enfants parfaits*
N° 222 : Claudine Biland, *Psychologie du menteur*
N° 223 : Dr Hervé Grosgogeat, *La Méthode acide-base*
N° 224 : François-Xavier Poudat, *La Dépendance amoureuse*
N° 225 : Barack Obama, *Le Changement*
N° 226 : Aldo Naouri, *Éduquer ses enfants*
N° 227 : Dominique Servant, *Soigner le stress et l'anxiété par soi-même*
N° 228 : Anthony Rowley, *Une histoire mondiale de la table*
N° 229 : Jean-Didier Vincent, *Voyage extraordinaire au centre du cerveau*
N° 230 : Frédéric Fanget, *Affirmez-vous !*
N° 231 : Gisèle George, *Mon enfant s'oppose*
N° 232 : Sylvie Royant-Parola, *Comment retrouver le sommeil par soi-même*
N° 233 : Christian Zaczyck, *Comment avoir de bonnes relations avec les autres*
N° 234 : Jeanne Siaud-Facchin, *L'Enfant surdoué*
N° 235 : Bruno Koeltz, *Comment ne pas tout remettre au lendemain*
N° 236 : Henri Lôo et David Gourion, *Guérir de la dépression*
N° 237 : Henri Lumley, *La Grande Histoire des premiers hommes européens*
N° 238 : Boris Cyrulnik, *Autobiographie d'un épouvantail*
N° 239 : Monique Bydbowski, *Je rêve un enfant*
N° 240 : Willy Pasini, *Les Nouveaux Comportements sexuels*
N° 241 : Dr Jean-Philippe Zermati, *Maigrir sans regrossir. Est-ce possible ?*
N° 242 : Patrick Pageat, *L'Homme et le Chien*
N° 243 : Philippe Brenot, *Le Sexe et l'Amour*
N° 244 : Georges Charpak, *Mémoires d'un déraciné*
N° 245 : Yves Coppens, *L'Histoire de l'Homme*
N° 246 : Boris Cyrulnik, *Je me souviens*
N° 247 : Stéphanie Hahusseau, *Petit guide de l'amour heureux à l'usage des gens (un peu) compliqués*

N° 248 : Jean-Marie Bourre, *Bien manger : vrais et faux dangers*
N° 249 : Jean-Philippe Zermati, *Maigrir sans régime*
N° 250 : François-Xavier Poudat, *Bien vivre sa sexualité*
N° 251 : Stéphanie Hahusseau, *Comment ne pas se gâcher la vie*
N° 252 : Christine Mirabel-Sarron, *La Dépression*
N° 253 : Jean-Pierre Changeux, *Du vrai, du beau, du bien*
N° 254 : Philippe Jeammet, *Pour nos ados, soyons adultes*

Impression réalisée par

BRODARD & TAUPIN

La Flèche (Sarthe), le 13-08-2010
N° d'impression : 59254
N° d'édition : 7381-2514-X
Dépôt légal : août 2010

Imprimé en France